3年生
国語―教科書教材の読みを深める言語活動

発問を中心とした全時間の展開例

今井成司
林 真由美 編著

本の泉社

はじめに

授業で「キツツキの商売」を読んでいたときです。「おとや」の看板を絵に描いてみようと呼びかけました。できあがったのを見たとき、ぼつぼつと黒い点々（●）で、「おとや」、と書いた子がいました。その子は、「キツツキが、くちばしで穴を開けて、●を並べて書きました。」と説明しました。みんなも「なるほど」と感心しました。ほかにも、木の葉の中に「おとや」、木の枝を組み合わせた「おとや」、木の棒の五線譜の上に葉っぱで「おとや」。楽しい学習になりました。森に住むキツツキらしい看板でした。物語にぴったり合った言語活動でした。

「ちいちゃんのかげおくり」の家族で影送りをする場面は、グループで役割読みをしてみました。最初のグループは、一人ひとり別々に読んでいました。ところが次のグループは、一人、二人、四人と声が増えていくのです。聞いていた子たちは、「あっ重なりだ」と気付きました。音読をするなかで、「重なっていきました」、という表現に気付いたのです。家族の心が重なる重要な場面をこうして押さえることができます。

「モチモチの木」の最後の場面で、本書の執筆・編者の林真由美さんは、じさまと豆太の会話での位置を絵に描かせました。だっこしていたのか、向かい合っていたのか、どちらなのか、絵に描くことで鮮明になります。動作化の一種です。この学習で、人は大事なことを言うときには、顔を見て言うものだ。相手の目を見て言うものだという話し合いになりました。「人間やさしささえあれば……」が、大事な言葉として押さえることができたのです。深い読みにつながる学習活動です。「人物の位置を問う」のは文学作品を読むうえで重要なことなのです。

「言語活動の重視」というなかで、ともすれば、活動そのものにだけ目がいき、読みがおろそかになることをわたしたちは心配しています。最初に挙げたように作品から離れずに、楽しく、確かに、豊かに、深く読む、そのために言語活動を生かしたいと考えています。

〝Ⅰ　文学作品〟は、人物の変化を読んでいくのが中心です。人物の置かれた状況と出来事、周りの人とのかかわりを見ていくことになります。そこで、言語活動が有効に働くとき読みは深まります。先に述べた「ちいちゃん……」の声の重なり、「モチモチの木」の二人の位置は、それらをつなげる働きをしています。このような言語活動を展開したいものです。

〝Ⅱ　説明文〟においては、もの・こと・できごとと、その意味することをつなげて読んでいく・考えて読んでいくことが大切です。そのためには、分析＝ある観点で、見つける、書き出す、整理する。類比・対比＝比べる。分類する。そして、総合＝言い換える、説明する。まとめる、という活動・思考を意識的に取り入れて授業を展開します。どの段階でも、読む・話すだけでなく、書くことにつなげて学習するようにしました。学習に書くことを取り入れるのは多くの意味で重要です。

〝Ⅲ　言語事項〟には、作文指導、俳句の扱いなどを提起しました。すでに実践でかなり確かめられたものです。このままでも、実際の役に立つだろうと考えております。

本書では発問を中心にして構成してあります。子どもの思考の方向を左右するからです。しかし、授業は生き物です。わたしたちは子どもの反応も予想して入れてみましたが、実際は違う反応が返ってくるでしょう。ただ、授業の方向、流れとしてはこれでいけるのではないか、そう考えての提案です。一時間を三つないし四つの学習・言語活動に分けてみました。これは、どう展開していくのかの目安として受け止めてほしいと考えています。これがないと、ただ流れてしまう授業になりやすいからです。

先に述べたように、本書では教師からの発問・指示で展開していきますが、ここは、やがて子どもの発言、質問が中心になって展開していくことが大事だと考えています。そのための基礎として使ってくださることがわたしたちの願いです。

今井成司
二〇一三年五月

0

目次

はじめに……3

I　文学作品　ゆたかな読みを……13

1　感じたことと考えことを、叙述を基に自由に話し合う

2　人物の言動や情景描写から気持ち、変容を読み取る

4 行動や会話から人物の気持ちや場面の様子を読み取り、音読する

3　文章・写真・図から読み取り、自分の言葉で表現する

本文イラスト（93・163頁）：辻ノリコ

ご利用なさる方へ

国語の授業の型にとらわれることなく、教材・作品の特徴に合わせた授業展開・言語活動を目指し製作したものです。本書の見方は、主に次のようになっています。

- ●教科書の引用文には①傍線部を引く、②『　』に入れる、③その両方、にしています。
- ●「　　」は教師の発問です。
  そのなかでも大事な発問は太字にしてあります。
- ●授業において予想される子どもの反応・発言は「・」で示してあります。
- ●四角く囲ってある文章は、黒板に書くか、もしくは掲示するとよいものです。

I

文学作品　ゆたかな読みを

1 感じたこと考えことを、叙述を基に自由に話し合う

「海をかっとばせ」

山下明生《はるお》（光村図書・三年上）

登場人物の会話や行動、海の様子から、人物の性格、気持ちの変化などを読み、自分の感じたことなどを話し合う

ねらいと学習の重点

「海をかっとばせ」はファンタジーであり、自由な読み方が大切になります。しかし、勝手な読みに陥らないように、叙述を押さえて読むこと、経験と結び付けて読むことが大切になります

この作品のキーワードは「海」です。海辺、波、しぶき、はまべ、波がしら、すなはまなどです。これらが場面・世界の転換に大きくかかわっています。それらの意味と、登場人物・ワタルの変容を出来事とともに読んでいきます。

授業の中心は、自分の考えや受けた感じを話し合い、交流することにあります。自分の感想や考えをもつような読みを育てること、一人ひとりの読みを基にして話し合うことがポイントになります。そのために「書くこと」をたくさん取り入れました。自分と違った感じ方や考え方に触れつつ、言葉の世界、物語の世界を楽しむ学習にしたいものです。

また、場面・世界の転換を扱うことで表現や構成への意識を育てたいところです。

■指導計画〈8時間〉「海をかっとばせ」

時	学習内容	学習活動
1	感想を話し合い、題を付けて感想文を書こう	・作品を読んで楽しかったところやおもしろかったところを話し合う。 ・読んだ感想を題を付けて書く。
2	ワタルが特訓をしようとしたのはどうしてか考えよう	・特訓を秘密にしたのはなぜか考える。 ・ワタルはどんな子どもか考え、ワタルの思いや願いについて話し合う。
3	ワタルの特訓の様子を読み取ろう	・流木をこわいと思ったのはどうしてか考える。 ・ワタルの特訓の様子を読み取る。
4	ワタルと「男の子」の様子を考えながら音読しよう	・だれの会話文か確認し、役割を決めて音読する。 ・会話の様子からワタルと「男の子」の様子を想像する。 ・男の子がなぜ手伝ってやるよと言ったのか話し合って考えを書く。
5	ワタルが「男の子」と練習している様子を読み取ろう	・ワタルが男の子とどのように練習しているかを読み取る。 ・ワタルの気持ちの高まりを話し合う。 ・ホームランを打ったワタルの様子や気持ちを想像し音読する。
6	ワタルが「波の子ども」と約束したことについて考えよう	・ワタルと「波の子ども」の会話から感じたことを話し合う。 ・「海をかっとばせ」から感じ取ったことを話し合い、考えたことを書く。
7	特訓を終えたワタルの気持ちの変化について考えよう	・特訓を終えたワタルの様子や気持ちについて考える。 ・「のぼりはじめた太陽のうで」の意味について考える。 ・ワタルの気持ちの変化について考える。
8	山下明生さんの作品を読んで紹介しよう	・山下明生さんの作品の紹介のしかたを考えて作品を読む。 ・紹介文を書く。
随時	作品の特徴をとらえよう	・現実の世界と非現実の世界の構造をつかむ。

授業展開

第1時 感想を話し合い、題をつけて感想文を書こう

■音読して大体の内容をつかむ

この単元の最後に作品の紹介文を書くことを伝え、範読の後で各自で音読します。一人で、自分の速さで微音読します。ここは理解して読むことにつながります。

次にペアで段落ごとに交代して音読します。これで三回音読することになり、およその内容をつかむことができます。読み終わったペアは微音読して待つことにします。

■強く感じたことを話し合う

グループで司会を決めて、「自分が強く感じたこと」を中心に話し合います。

ファンタジー作品なので、それぞれの子どもの受け止め方に違いがあります。それが感想として出されることで、作品世界が広がっていきます。同時に互いの違いを受け入れていく姿勢も培っていきます。

・波に向かってバットを振ったところが工夫していると思いました。

・男の子って波のことかなと思います。

・ワタルは、どうしても試合に出たいと思っているから、海で小さな男の子が協力してくれたんだと思います。

聞くほうは「なぜ、そう思ったのか」などを質問しながら聞きます。

■題を付けて、初発の感想を書く

感想を話し合った後に初発の感想を書きます。題を付けることで感動の中心を押さえることができます。

主な言語活動

・ペアで音読する。
・グループで感想を話し合う。
・題を付けて感想を書く。

「波の中からボール」「ワタルのとっくん」「海をかっとばす」などの題が予想されます。

【感想文（例）】

ワタルと男の子

ワタルがしあいにぜったいに出たいから、だれにも見つからないように朝早く、浜辺ですぶりの練習をしました。いっしょうけんめいにむちゅうで練習をしたから、波が「男の子」に見えたのだと思います。「男の子」が友だちになったみたいです。練習が楽しくなったからまた浜辺に来て、すぶりをすると思います。ワタルがしあいに出られるようになったらいいです。

第2時 〈P64〜P64L5〉

ワタルが特訓をしようとしたのはどうしてか考えよう

■特訓しようと思った理由を考えてリライトする

本文を音読します。

その後で「特訓」の意味を辞書で調べます。

調べたらそのままノートに書き写します。

「特別訓練」を短くした言葉だということを押さえます。

「みなさんは、特訓したことがありますか。あったら話してください」

・ピアノの発表会があったので特訓しました。

・逆上がりができなかったので、お父さんに特訓してもらったらできるようになりました。

・自転車に乗れなかったとき特訓しました。

いつもはやっていないけれども、「特別に激しく練習したこと」が話題になります。

「ワタルが決めた秘密の特訓というのはどんなことでしょう」

本文から見つけて書きます。

・「毎朝、海辺までランニングして、はまべで百回すぶりをしよう。」

ワタルは今まではしていなかったことを特別に「しよう」と決めたのです。

なぜ特訓しようと思ったのか気持ちが分かるところを見つけて線を引きます。

・なんとか試合に出たい。

・ピンチヒッターでもいいから、なんとか出たい。

「出たい」という繰り返しの表現のなかに強い気持ちがあります。

主な言語活動

・特訓しようとした気持ちをリライトする。
・秘密にした理由を書いて話し合う。
・ワタルの人物像を話し合う。

こうして試合に出たい一心でいることを押さえてから、特訓しようと決めたわけをリライトして説明します。

書き出し例を次の（　）のように示して、続きを書かせてもよいでしょう。

・（ワタルがとっくんをしようと思ったわけは、）夏の大会までに、ぜったいにしあいに出たいと思ったからです。そのためには、とっくんして野球がじょうずにならないと出られません。

■特訓を秘密にしたのはなぜか考える

「『ひみつのとっくん』というのはどんな意味ですか」

・特訓していることをだれにも知られない

こと。
・だれにも言わないでたった一人で特訓すること。

「特訓を秘密にするためにどうしましたか」

> 毎朝……早い時間ならば見られない。
> 海辺……人が来ないところ。

ヒントになる言葉は、「朝」と「海辺」です。

「なぜ、ワタルは特訓を秘密にしようとしたのですか。考えをノートに書きましょう」

秘密にした理由を考えることは、ワタルの気持ちを深く考えることになります。

ワタルの気持ちを想像してノートに書きます。書けない子どもには、リード文を示します。

> どうしても夏の大会には出たいのです。出たい気持ちを人に知られるのははずかしいのです。だから、だれにも分からないように、朝早く海辺で練習したのだと思います。

書いたことをもとにして話し合います。思考力を高めるために、子どもの発言をもとに話し合うことで意味付けることが必要です。

> 練習を見られるのははずかしい。
> うまくなっておどろかせたい。

⇦ ⇨

> だからひみつのとっくんをする。

このように、発言を受けて、このことのもつ意味と行為のかかわりを押さえます。

■ワタルはどんな子どもか考える

「ワタルがどんな子どもか、次の言葉から考えましょう。ペアで考えてもいいですよ」

【板書例】（※）

> ・ベンチせんもん
> ・ピンチヒッターでもいいからしあいに出たい。
> ・ひみつのとっくん
> ・百回すぶりをしよう

・ワタルは野球の試合に出たいけれど自信がない。
・ベンチ専門だから、あまり野球が上手ではない。
・下手なことを恥ずかしいと思っている。
・野球が上手になりたいと強く思っている。
・本当は負けず嫌いだ。

■ワタルの願いについて話し合う

このように子どもたちは、ワタルの人物像についてたくさん発表します。それをこのままにしておかないで、次のように問います。

「このなかで、ワタルという少年の願いは何ですか」

・野球の試合に出たい。
・上手になりたい。

これがこの物語の推進力になっています。人物像をとらえるときには、置かれた状況とのかかわりで「人物の思いや願い」を関連付けて押さえるようにします。

※ここでは、教師の方から、ワタルの人物像にかかわる言葉を提示しましたが、「ワタルという少年がどういう子か分かる言葉を見つけよう」と質問して、これらを子どもたちから出させながら話し合っていく方がよいかもしれません。

第3時

ワタルの特訓の様子を読み取ろう

〈P64L6～P67〉

■感想を話し合い、学習課題を立てる

本文を各自の速さで微音読します。

この作品は楽しく自由に読みたいので子どもたちと何を学習するか、その時間その時間に、次のような言葉を投げかけて学習課題を決めていきます。自分たちで決めるという意欲が出て学習が楽しくなることでしょう。

「**今日の場面でいちばんおもしろいところはどこですか**」

・流木をクビナガリュウみたいでこわいと思ったところ。

・波がいちばん高くもり上がった瞬間をねらってバットを振ったところ。

・腰をひねったときに足元の砂が崩れて、しりもちをついたところ。

これらの発言を受けて学習を進めます。

■流木をクビナガリュウだと思ったことについて考える

※流木の絵や写真を用意し、提示しておきます。

「**流木を見て、クビナガリュウだと思ったことについて考えましょう**」

・「海には、だれもいなかった」と書いてあります。朝早く人がいない海辺にあまり来たことがないから気味が悪いと思ったのだと思います。

・ワタルはあまり強い子どもではなくて、こわがりなのかもしれません。

・絶対に試合に出たいと思って、怖いのをがまんしたからえらいです。

・ワタルは恐竜のことをよく知っています。

・流木から恐竜を思い浮かべるなんて想像力があります。

主な言語活動

・特訓の様子に線を引く。

・ワタルの特訓の様子を話し合ったり書いたりする。

・ワタルの特訓の様子をリライトする。

ワタルの気持ちや性格まで話し合いに出てきます。恐竜を思い浮かべることのできる想像力が、この物語の底流にあることを感じるでしょう。

■特訓の様子が分かるところを見つける

「**第五段落を読んで、ワタルの特訓の様子が分かる言葉に線を引いてください**」

・しゅんかんをねらって

・力いっぱい

・一回、二回と数えながら

・気合をこめて

どこに線を引いたのか話し合います。一文全部に引いてしまうことが多いので、「行動の様子が特によく分かる言葉はどれですか」と聞き返し、行動をより詳しく説明している

言葉に着目させます。板書して確認します。

■どんな様子か想像して書き話し合う

それぞれ選んだキーワードから、特訓のどんな様子が考えられるか、想像したことを次のように、ノートに書きます。

○一回、二回と数えながら

> 「百回すぶりをしよう。」と決めたから、大きい声ではっきりと数えました。絶対百回やるんだという強い思いで何回やったか数えました。

○しゅんかんをねらって

> しゅんかんと言うのは一しゅんのことだからボールの速さに合わせて、波をよく見ていて集中して練習しています。

書き終わったら、次のように発表してもらいます。

「特訓の様子からワタルがどのように練習しているか分かりますか」

「～の様子から（だから）～分かります。」

と選んだ言葉をもとにして考えた理由や根拠をはっきりさせて話させます。理由や根拠と結び付けて話すことで、思考力を高めていきます。

・「気合をこめて」から、やるぞという強い気持ちで真剣に練習していることが分かります。
・波の瞬間をねらっていたから集中しています。
・「力いっぱい」から、一生懸命に練習していることが分かります。

発言を黒板に板書してまとめます。

【板書例】

> 〈とっくん〉
> ・集中している
> ・しんけん
> ・強い気持ち
> ・がんばっている
> ・工夫してやっている

■ワタルの特訓の様子の変化をリライトする

「第六段落を読んで、ワタルの様子の変化が書かれている言葉に線を引いてください」

・うでがだんだん重たくなった
・足がふらつき
・目が回る
・雲も、水平線といっしょに回りだした
・しりもちをついた

「線を引いた言葉を使いながら、ワタルの変化を説明する文章を書きましょう」

〔リライトした文章の例〕

> ワタルは、百回すぶりをするつもりでがんばっていましたが、一回ずつしんけんに、一生けんめいに集中して練習したのでつかれてしまいました。五十回がすぎたころからうでがだんだん重たくなり、足もふらついて目が回ってきました。空の雲も回り出しました。六十六回目のときに、ついにぺたんとしりもちをついてしまいました。

一心にがんばったことが、変化をもたらし、新しい世界の扉を開けることになるのです。

第４時

ワタルと男の子の様子を考えながら音読しよう

〈P68～P69L7〉

■場面の転換を押さえる

各自の速さで微音読します。そのあと、新しい世界を読んでいきます。

「ここは、どんな場面ですか」

・小さな男の子と会ったところ

・小さな男の子が出て来るところ

「この場面を読んでどんな感じがしますか」

・急に現れた

・場面が変わった

「急に、突然というのは、どんな言葉に表われていますか」

・そのとたん／波が／せまってきた

・ふいに、／声がした

「どんなときに男の子が表われましたか」

・ワタルの目が回って、尻餅をついたとき

・ごうっと波が来て、顔にかかっって、しょっぱかったとき。

目が回った。転んだ。

―心理的・身体的変化

いちばんの大きな波がかかった

―衝撃・新しい物の登場

二つの一瞬の出来事、それが新しい世界への入り口を意味しているのでしょう。

■だれの会話文か確かめて音読する

男の子の様子を書き抜いてどんな子かを押さえます。

> 小さな男の子
> ・白いぼうし―波の色かな
> ・青い服―海の色かな

主な言語活動

・役割を決めて音読の練習をする。
・会話からワタルと男の子の様子を想像する。
・男の子が手伝うと言ったわけを話し合って書く。

ここは、ほとんど会話文のみで進行しています。そこで、「男の子」の会話文はどれか、ワタルの会話文はどれか、「　」の上に書きこみます。

（色別にサイドラインを引いてもよいでしょう。）

子「何してるんだ、そこで。」
ワ「だれだ、おまえ。」
子「何してるんだ、そこで。」
ワ「見りゃ分かるだろ。すぶりさ。」

ワタル、「男の子」、地の文の役を三人グループで決めて読む練習をします。どのように音読すればよいのか話し合います。役を交代してもよいでしょう。特に、文末をどのように読むかを考えて練習します。

■会話からワタルと男の子の様子・気持ちを想像する

ワタルの様子の変化を読みます。

「この会話からワタルのどんな様子や気持ちが分かりますか」

・「だれだ、おまえ。」と強く言って、前は流木を見てこわがっていたのに、男の子にいばっています。
・ふいに現れたのにこわがっていない。
・しりもちをついたことを見られて恥ずかしいと思っています。

「流木をこわいと思っていたワタルなのに、男の子を怖がっていないのはなぜでしょうか」

これについても話し合うとよいでしょう。新しい世界に入ったワタルはもう以前のワタルとは違っている、そう言う捉え方が出てくるといいでしょう。

「ワタルとの会話から男の子のどんな気持ちが考えられますか」

・「何してるんだ、そこで。」から、男の子が自分の場所なのに勝手に入ってくるなとワタルを怒っている。
・男の子が、ワタルのしていることに興味をもっていて、何か知りたい、一緒に遊びたいと思っている。
・小さい子なのに言うことはしっかりしています。不思議な感じの子です。

「不思議な感じの子」という受け止め方ができるでしょう。

■男の子がなぜ『練習をてつだってやるよ。』と言ったのか話し合う

「男の子が練習を手伝うと言いました。なぜ男の子は練習を手伝うと言ったのでしょうか」

いろいろな考えが出るように、二人またはグループで話し合ってから全体で話し合います。

・ワタルが一生懸命に練習していて疲れてしまったから助けてあげようと思った。
・一人でがんばっているから応援してあげようと思った。
・ワタルの練習を見て楽しそうだから自分もやってみたいなと思った。

このように、いろいろな考えが出るとよいのです。発言は整理して板書しておき、自分の考えを書くときの参考にします。

【板書例】

・たすけてあげたい
・おうえんしてあげたい
・自分もやってみたい
・友だちになりたい

■男の子が話しかけた理由を書く

話し合いをもとにして自分の考えをノートに書きます。

〔ノート例〕

男の子は、ワタルの練習をずっと見ていました。「たった一人で何をしているんだろう。楽しそうだな、自分もやってみたいな。」と思っていました。その時、ワタルが練習につかれてたおれてしまったのでおどろきました。ワタルに話しかけるチャンスだと思って声をかけました。

第5時

ホームランを打ったワタルの気持ちと様子を読み取ろう

〈P69L8〜P73〉

■学習の中心を決める

本文を、各自の速さで微音読します。

「**今日の場面の中心は何ですか**」

・ワタルがホームランを打ってダイヤモンドを一周するところです。

「**ワタルがホームランを打てたのはなぜですか**」

・男の子と練習したからです。

「**今日は、ワタルがホームランを打ってダイヤモンドを一周するところを中心にして学習しましょう**」

このように学習の中心を決めていきます。

■男の子との練習の様子が分かるところにサイドラインを引き、想像したことを話し合う

白いボールは、次から次へとんできた
―波が次々に現れる

波がしらがぎゅうんともり上がる
―波が最も高くなる

バットにボールがめいちゅうする
―バットをふると同時に波が引く

打ちそこなう
―タイミングがずれると波が崩れてしぶきが顔にとびこんでくる

本文にサイドラインを引き、言葉からイメージしたことを横に書いてから話し合います。

「**どんな様子か分かりますか**」

・白いボールというのは白い波の先のことです。それが次々に飛んでくるので、気を抜けません。

・波がしらもボールのことです。一番盛り上がったときに打つのです。集中していないと当たりませんから大変です。

「命中した」「打ちそこなう」という表現についてもこのように話し合っていきます。そのあとでワタルの心理状態を次のようにして本文から押さえます。

「**このときのワタルの気持ちと様子の両方を表している文があります。見つけましょう**」

・ワタルは、もうむちゅうだった。

主な言語活動

・練習の様子にサイドラインを引き、話し合う。
・ワタルの気持ちの高まりを書き抜き、話し合う。
・様子や気持ちを想像して音読する。

■ワタルの気持ちの高まりを話し合う

「夢中で練習して、ワタルはどういう気分になったのでしょうか。書き抜きましょう」

いつのまにか、ワタルは、本物のバッターボックスに立っている気分になっていた。

「ワタルは今、心はどんな状態ですか。どんなことを考えていると思いますか」

・海にいることを忘れている。
・あこがれのバッターボックスにやっと立てた。
・練習しているうちに新しい世界に入っていった。
・赤いぼうし、青い帽子の観客が応援していて、興奮している。

場面の変化とワタルの気持ちの高まりを読んでいきます。

【この場面の位置付けと構成】

①日常のワタル
野球のしあいに出られない

②非日常のワタル
A海でのワタル
男の子と練習

（海辺）

Bグラウンドでのワタル
ホームランを打つ

■ホームランを打ったワタルの様子を書き抜き、想像する

この場面は、右の図の②のBになります。試合に出られないワタルが①で、上手になりたいので小さな男の子と練習するのが②のAです。バッターボックスに立ちたいという願いがかなうのが②のBです。

「ホームランを打ったときのワタルの気持ちが一番よく表われているところは、どこですか。書き抜きましょう」

しっかりとむねをはり、ダイヤモンドを一周する。

「ダイヤモンドを走るワタルの気持ちはどうですか」

・「胸を張った」で、「やったぞー」という満足感と自信が感じられます。
・「逆転ホームラン」だから勝利の喜びも感じて走っています。
・やったぞという晴れ晴れとした気持ちでゆっくりと走っている感じ。

「胸を張る」という言葉の持つイメージ、ごうごうとどよめくスタンドなどを押さえた話し合いになります。

■場面の情景とワタルの気持ちを考えて音読する

・「かっとばせ。ワタル。」という声援
・バットが、ビュンとうなった音
・グランド全体が、ごうごうとどよめく音
・ワタルの晴れ晴れとした様子を考えて音読します。

第6時　ワタルが「波の子ども」と約束したことについて考えよう〈P74・75〉

■場面の転換をつかむ

本文を音読して、大きく場面をつかみます。

「ここ、ワタルがいる世界はどこですか」

・目をパチパチさせたら、スタンドが海にもどった。
・きらきら輝く波の中から、いろんなぼうしが拍手している。
・でも、まだ波の子との世界にいる。

たくさんの波の子が登場します。

■波の子たちの様子を絵に書き話し合う

絵に描くことで波の子たちの様子を読み取ります。描けたら見せながら説明します。

・飛び跳ねています。ホームランを喜んでいます。
・拍手しています。よくやったとほめています。
・いろんなぼうしです。波の数だけあるのでたくさんいます。みんな飛び跳ねています。
・歓声は音だから、絵に書けませんでしたが、きっと力強い波の響きだと思います。

・キラキラと輝いているのは喜んでいるからです。

このように、本文の言葉と合わせて絵の説明ができるとよいでしょう。

『赤いぼうし、黄色いぼうしがぴょんぴょんとびはね』と言うのはどういうことだと思いますか」

・太陽の光が波に当たって、キラキラ輝いている。
・朝の光が波のしぶきに当たっている様子が、ちょうど帽子が飛び跳ねているように見える。
・ワタルのホームランを祝福していることを意味しています。

自分のホームランをこのように大勢の人が喜んでくれている。多くの人とのつながりを感じているワタルがここにいます。

主な言語活動

・絵に描いて喜びを話し合う。
・波の子供との約束を書き抜き、感じたことを話し合う。
・「海をかっ飛ばす」について話し合い、波の子の気持ちを書く。

■波の子どもとワタルの会話を書き抜き、ワタルの変化を話し合う

> 子「波の子どもさ。朝はたいてい、ここに来るんだ。」
> ワ「じゃ、また、練習をてつだてくれるかい。」
> 子「いいとも。すきなだけ、海をかっとばしに来いよ。」
> ワ「ぜったい来るからね。」

「ワタルの言葉から、どんなことが分かりますか」

じゃあまた練習を手伝ってくれるかい

・前はこっそり一人で秘密でやろうと言っていたのに、ここでは一緒にやろうと変わってきている。

・自分から手伝ってと働きかけています。

このようにワタルの変化を読んでいきます。

絶対来るからね

・海の子との力強い約束です。

・楽しかったという気持ちで言っている。

ワタルの変化と朝の特訓がこれからも続けられることを、この会話は教えています。

■「海をかっとばせ」について考える

いよいよ、物語の題名「海をかっとばしに来いよ。」に話し合いの焦点を当てていきます。

「波の子たちはどう言う気持ちでこう言ったのでしょうか」

まず、「海」、「かっとばす」について話し合います。

海

・大きい。強い。広い。深い。

かっとばす

・思い切り打つ。遠くへ飛ばす。心が晴れ晴れとするほど飛ばす。すっきり、さっぱりした感じ。

こうすることで、「海」「かっとばせ」にこめられた意味に近づくことができます。

「こう言った時の波の子たちの気持ちや思いをノートに書きましょう。」

> ぼくたちを波のボールだと思って力いっぱい打つと集中力もついてホームランが打てるようになるよ。

> ひみつのとっくんなんて、こそこそしないで、大きな海に向かって打つつもりで、大きな気持ちで練習しようよ。

書いたものを読み合い、話し合います。そこでは、練習してうまくなることだけではなく、「ワタルが大きく生きることを励ますことば」として読むことで、テーマに迫っていきます。

■会話文を音読する

文末の「だ」「さ」「ね」「よ」など、感情を表すことばに注目して音読します。

第7時

特訓を終えたワタルの気持ちの変化について考えよう〈P76〉

■砂浜から戻る時のワタルの様子を視写する

特訓を終えたワタルの様子がどこに書かれているか確認して、ノートに視写します。大事な文を視写することも学習活動として必要です。

「特訓を終えたワタルの様子について書かれているところを書き写しましょう」

・「ぜったい来るからね。」そうさけんで、ワタルは、すなはまをもどりはじめた。せなかが、ほくほくあったかかった。もういちど、ワタルは海をふりかえった。のぼりはじめた太陽のうでが、ワタルのかたをぽんとたたいた。

視写した後で音読します。

■ワタルの気持ちについて話し合う

砂浜から戻るときのワタルの気持ちが分かる言葉について話し合います。

「ワタルの気持ちが分かる言葉はどれですか。サイドラインを引きましょう」

・ぜったい来るからね
・さけんで
・ほくほく
・あったかかった
・ふりかえった
・ぽんとたたいた

出されたそれぞれの言葉について、ワタルのどんな気持ちが分かるか話し合います。「上手になった。」「またやるぞ。」など、野球にかかわる思いとともに、「海での練習はいいなあ。波の子とまた練習するぞ。」と言うような海、波への思いが出されるでしょう。

主な言語活動

・ワタルの様子を視写し話し合う。
・ワタルの気持ちの変化を話し合い、考えを書く。
・比喩しているものを話し合う。

■ワタルの変容を表す文を見つけて話し合う

【板書例】

来たとき
こわいのをがまんして、ワタルは、すなはまにかけ下りた。

帰るとき
ワタルは、すなはまをもどりはじめた。せなかが、ほくほくあったかかった。

ワタルは、すなはまをもどりはじめた。せなかが、ほくほくあったかかった。に再び注目させます。

「ちょうどこれと反対の表現がはじめの方

にあります。どれですか」と問い、

> こわいのをがまんして、ワタルは、すなはまにかけ下りた。

を見つけさせます。砂浜に「来た」ときと、「帰る」ときのワタルの変容が、ここに表現されています。非現実の世界から現実の世界に戻るときのワタルの変容です。

「ワタルが砂浜に来たときと帰るときとを比べるとどのように変わっていますか」

・来たときは砂浜が怖くてびくびくしていたし、だれにも練習を見られたくないと思っていた。でも、帰るときは、野球の練習が楽しい。毎日練習しようと明るい気持ちになった。

・ホームランを打ったようないい気分になったからせなかが温かく感じたのです。

■「のぼりはじめた太陽のうでが、ワタルのかたをぽんとたたいた」の意味を考える

「比喩」という用語と意味を教えます。用語を教えることを積極的に取り入れていきます。

「『のぼりはじめた太陽のうで』というのは比喩表現と言います。『太陽のうで』は何の例えですか」

・朝、太陽の光が長く伸びることがあります。腕というのは長く伸びた太陽の光です。

・朝太陽が昇るとき、光がまぶしいことがあります。まぶしい光のことです。

ここでは、朝日が長く伸びた状態を「うで」に例えて表現しています。「うで」とすることで温かさや励ましを感じます。

「どんなときに肩を『ぽん』とたたきますか」

・「やあ、元気」と言うとき。

・「えらいね、がんばってね」と言うとき。

「肩を『ぽん』とたたかれたことがありますか」

自分たちの経験を話します。文章の内容と自分の経験とを結び付けて、考えを話すようにします。

「『のぼりはじめた太陽のうでが、ワタルのかたをぽんとたたいた。』というのは、どんな感じがしますか」

・ワタル、今日はよくがんばったね。

・海だけでなく太陽も応援しているよ。

・海に来てくれてありがとう。

このように、ワタルを励まし、たたえる感じが伝わってくるでしょう。さらに、「のぼりはじめた太陽」と言う言葉に注目して、これからさらに成長していくワタル、新しいワタルの誕生、と言う感じをつかむ子もいるでしょう。

■ワタルの気持ちの変化について書く

> ワタルは「ぜったい来るからね」と海の子どもと約束しました。「また、明日も来て、練習しよう」という気持でいっぱいだったと思います。楽しかったからうれしくて、かけ足で家に帰ったと思います。

> ワタルは、こわがりで少し弱い子どもだと思いました。波の子どもたち合って練習が楽しくなり、自信がついて強い子どもになったと思います。だれもいない海辺で波を相手にがんばったから波の子どもがおうえんしてくれました。海はワタルの友だちです。

第８時

山下明生さんの作品を読んで紹介文を書こう

■しかけに注目してファンタジー作品を読もう

幅広く読書しようとする態度を育てることが求められています。ここでは、いわゆるリアリズム文学からさらに広げてファンタジー作品に親しむことで幅を広げます。

ファンタジー作品は、いわば「ウソ」の世界を展開しているので、なじめない子どももいます。そういう子どもたちにも、おもしろさを知ってもらいたいものです。

それには単にストーリーを追うだけではなく「しかけ」に注目させます。そのことで「そういう世界があることで人は変化していく」ことに気付いてほしいと思います。

山下明生さんの作品を紹介します。

『海をかっとばせ』（偕成社）
『まつげの海のひこうせん』（偕成社）
『カモメがくれた三かくの海』（日本標準）
『うみぼうやとかぜばんば』（のら書店）
『うみぼうやとうみぼうず』（のら書店）
『うみぼうやと月うさぎ』（のら書店）

何冊も用意して、読むようにするとよいでしょう。

■紹介文を三つの部分で構成する

紹介文なので長々と書く必要はありません。次の三つを押さえる程度にします。

①人物の状況と願い
②非現実的な世界でのできごと、そこでの人物との出会い、体験
③現実の世界での人物の変容

主な言語活動

・山下明生さんの作品の紹介文を書く。

「海をかっとばせ」での紹介文を例示します。

「**人物の性格や願いなどは書かれていますか**」

・はじめの二行です。

「そうですね。どんな名前の人がどんなことで、どんな願いをもっているのか、短く書かれていますね」

この紹介文（例文）は、人物の紹介のところを連体修飾語でつないであります。この使い方に気付かせてもよいでしょう。

「**非現実の世界では、だれに会い、どんなことをしていますか**」

・小さな男の子との練習。
・ホームランを打った。

「ここで願いが実現しました。どんな人物と会い、どんなことをしたのかを短く書いています。現実の世界にもどったことが、どの

ように書かれていますか」

・太陽がのぼりはじめたところ

「そうですね、『太陽がのぼりはじめました』ということで、何だかワタルがこれから成長していくぞということを示しているようです。『おうえんしているようです』は、読んだ人の感想でしょうか。①、②、③の、三つの要素を入れてファンタジー作品の紹介文を書きましょう」

山下明生さんの作品では必ずしも非現実の世界から現実の世界への戻りがはっきりしないものもあるので、紹介文の三つ目は「人物の変化・成長のようす」としてもよいでしょう。

（林　真由美）

【紹介文の例】

野球の試合にどうしてもでたいと思ったワタルは朝早く海辺で「ひみつのとっくん」をします。そこへ小さな男の子があらわれて「練習を手伝ってやろう」と言います。波の中からとんでくるボールを打っているうちにワタルはついにホームランを打ちます。ワタルと男の子はまた練習することをやくそくしました。

そこへ、朝の太陽がのぼりはじめました。ワタルの上達を太陽がおうえんしているようです。

随時

作品の特徴をとらえよう

■「ファンタジー」としての「海をかっとばせ」の「しかけ」を読もう

ファンタジー作品には、現実の世界と非現実の世界が描かれ、異なる世界への扉には「仕かけ」があります。新たな人物が登場してそのかかわりの中で、中心人物が変容していく展開になっていきます。

この特徴を指導計画のなかのどこに位置付けるか、いろいろな考え方があります。

一　指導計画のはじめに位置付ける。
話の内容を読み取っていないために特徴をとらえるのは難しいが、話の大体が早くつかめる。

二　指導計画の最後に位置付ける。
話の内容を読み取っているので特徴をとらえやすい。

三　読みの具体的な場面で個別的に指導する。今回はこれでの提案をしました。うまく話の筋に合わせるのが課題です。

いずれにしても、作品の内容や学級の実態に合わせて選択するとよいでしょう。

■作品の特徴をつかむ

全文を通読してから、それぞれについて話し合います。

「**物語の中心人物はだれですか**」
・ワタル

「**現実の世界が描かれているのはどこですか**」
・P64からP67です。

「**非現実の世界が描かれているのはどこですか**」
・P68からP75です。

主な言語活動

・現実の世界と非現実の世界の構造、扉、新たな登場人物をつかむ。

「**非現実の世界にはだれが出てきますか**」
・白いぼうしに青い服の、ちっちゃな子

「**現実の世界と非現実の世界の『扉』は何ですか**」

この作品では判然としないのですが、「体の感覚」が転換点となっているようです。

・現実の世界→非現実の世界
「大きな波……しりもち」「しょっぱい」

・非現実の世界→現実の世界
「せなかが、ほくほくあったかかった。」

基本的にはこのようになりますが、この「海をかっとばせ」はさらに、非現実の世界【海での練習】→非現実の世界【バッターボックス】と、もう一つの世界が展開していきます。

これについては、本文で扱いました。

【板書例】

中心人物　ワタル（しあいに出たいが、まだベンチせんもんで自信がない）

新たな人物　白いぼうしに青い服の、ちっちゃな男の子

現実の世界

夏の大会のしあいに出たい。

ひみつのとっくんをする。

だれもいないはまべですぶりをする。

→ ワタル

扉　大きな波……しりもちをついた

非現実の世界

新たな人物　白いぼうしに青い服の、ちっちゃな男の子

練習の手伝い・はげまし

ホームラン

→ 男の子・ワタル

扉　せなかが、ほくほくあったかかった。

現実の世界

少し自信がついて明るくなったワタル

のぼりはじめた太陽のうでが、
ワタルのかたをポンとたたいた。

↔ ワタル

［用語説明］

○現実の世界

現在、実際に起きているできごと

○非現実の世界

実際には起こりえないできごとが、まるで本当にあったことのように想像の世界で起こることで、ファンタジー作品の醍醐味となる。

○新しい世界への「扉」

多くの場合、登場人物は、非現実の世界でのできごとを通して変容します。ですから、「海をかっとばせ」でも、ワタルの変容を読むことになります。

単なる夢物語としてではなく、現実世界とつながる世界として読んでいくのです。

そこでは、どうつなげて読んでいけるかが課題になります。本提案で「自分の考えをもちながら」としたのはそのためです。

コラム

額縁物語と「海をかっとばせ」

絵や写真を額縁に入れて鑑賞します。しかしあまり、額縁は話題になりません。絵や写真に目が行くのが自然です。実は、物語にも額縁付きというのがあります。有名なところでは、「千夜一夜物語」です。王様に殺されないように、シェヘラザードという女の人が毎晩、王様におもしろい話をするという設定です。写真や絵と同じように、この額縁部分は、ほとんど話題になりません。アリババの話やアラジンの魔法のランプとして、中身だけが知られています。「アラビアンナイト」という題名で翻訳されているものに、もうこの額縁部分はついていません。

教科書教材でも「大造じいさんとガン」などは額縁付き（かた額縁）ですが、ここでも額縁部分はあまり授業では、扱われていないようです。しかし、ここを入れて読むことで視野が広がるとわたしは思っています。

「わらぐつの中の神様」（5年・光村）では額縁を扱わないわけにはいきません。次のような構造です。

「額縁」	今 茶の間・マサエ・お母さん・おばあさん・（おじいちゃん）
「中身」	昔 雪国の田舎町・おみつさん・家族・若い大工さん
「額縁」	今 茶の間・マサエ・お母さん・おばあさん・（おじいちゃん）

「今の」部分が額縁です。「昔」のところが、中身です。昔のおみつさんの物語を聞くなかで、マサエがわら靴に対する見方を変える話です。ですから、額縁と中身がしっかりとかかわってきます。
こう見てくると「海をかっ飛ばせ」というファンタジーも額縁構造と似ていると言えるでしょう。
（24頁の図参照）

「海をかっとばせ」の場合

現実の世界	非現実の世界
・野球が下手なワタル	・波の子と練習するワタル ・ホームラン

現実の世界
海を振り返る。昇り始めた太陽の腕がワタルの肩をぽんと叩いた

この「海をかっとばせ」では、自分の感想や考えを持ちながら読み進めますが、額縁物と考えると「非現実の世界での出来事を通して、どう変化して行ったのか、成長して行ったのか」を読んでいくことも大切になることがわかるでしょう。それは「現実の世界への出口」に集中的に表れます。

この物語は、現実世界への出口が、はっきりとは示されていません。わたし達は、「身体感覚」がこのヒントを与えてくれると考えました。そこで、「せなかがほくほくと暖かかった」を出口として設定してみたわけです。そうすると、ワタルの変容はそのあとの2文に描かれていることになります。

もう一度ワタルは海を振り返った。昇り始めた太陽の腕が、ワタルの肩をぽんと叩いた。

「海をふりかえった」には明らかにワタルのはっきりとした意思が働いています。ワタルと海の新しい関係を感じます。自立の芽生えを読み取ることが可能になるでしょう。

最後の文「のぼりはじめた太陽が、かたをたたいた」は少し離れた位置からの視点で書かれています。ワタル、海、太陽の3つを絵にすることで、広い世界を歩み始めたワタルを感じます。ここでは、読み手としての子どもたちが物語の世界を自分なりにつかむようにしました。子どもたちの読みが広がることを期待してのことです。（今）

2　人物の言動や情景描写から気持ち、変容を読み取る

「わすれられないおくりもの」

スーザン＝バーレイ（教育出版・三年上／三省堂・三年）

登場人物の性格や気持ちの変化を情景に合わせて想像しながら読む。

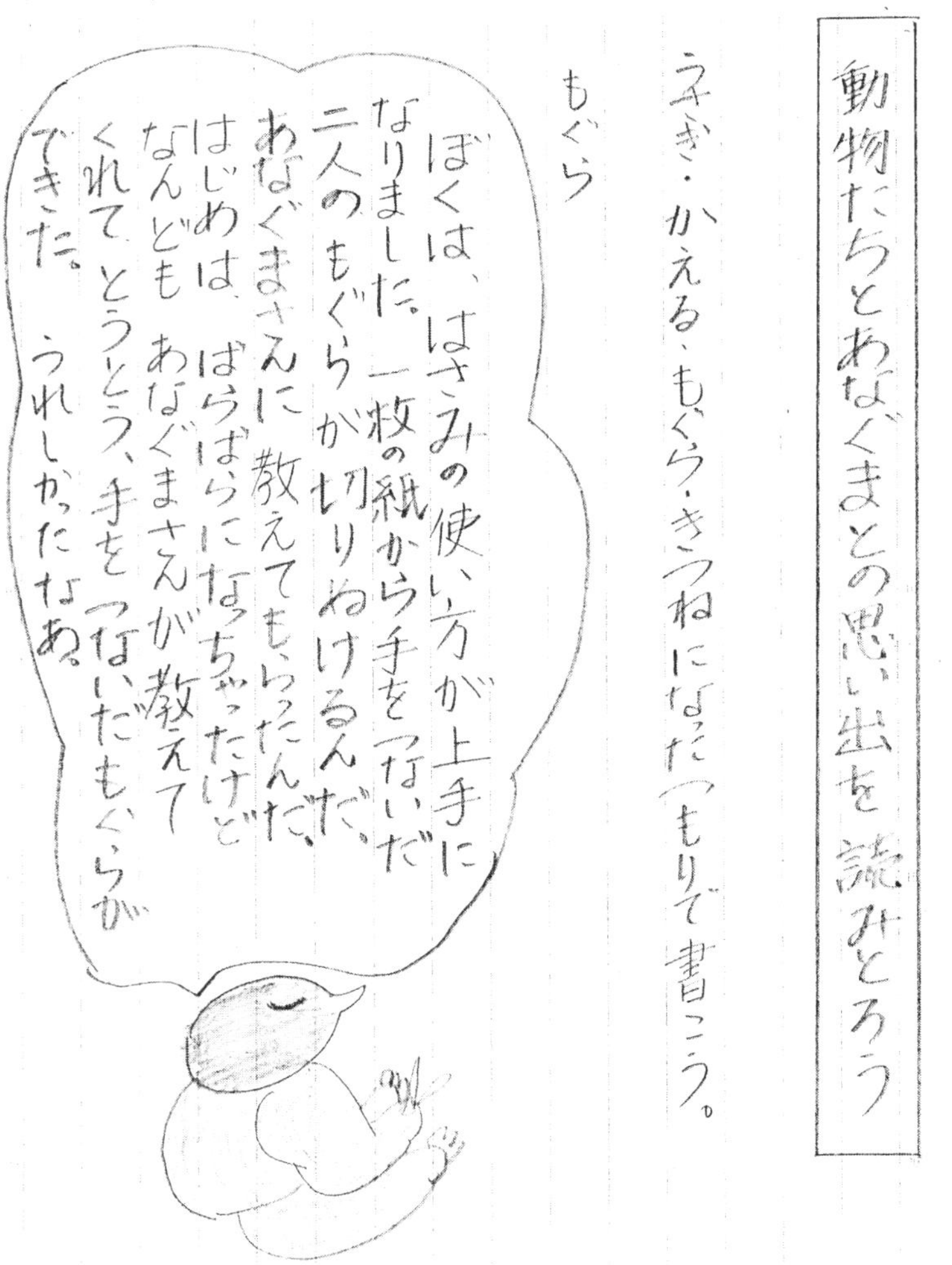
動物たちとあなぐまとの思い出を読みとろう
ネずみ・かえる・もぐら・きつねになったつもりで書こう。
もぐら
ぼくは、はさみの使い方が上手になりました。一枚の紙から手をつないだ二人のもぐらが切りぬけるんだ。あなぐまさんに教えてもらったんだ。はじめは、ばらばらになっちゃったけどなんどもあなぐまさんが教えてくれてとうとう、手をつないだもぐらができた。うれしかったなあ。

ねらいと学習の重点

この物語におけるおくりものとは「別れたあとでも宝物となるような知恵や工夫」のことです。普段の暮らしの中での、かかわり合いの中にこそ、心に残る豊かな物があったのです。人々は後になってそれに気付くのです。そして、いつでも思い出せる、語り合える、色あせない贈り物になるのです。

ここでは季節の変化が重要な役割を果たしています。厳しい冬と暖かな春の場面ではイメージをどう作るかが大切です。

あなぐまの行動や手紙を書き抜く活動、それぞれの動物になりきってあなぐまに語りかける活動などを通してイメージを作り、心情をとらえていきます。また、そこから自分はどう感じるかどう考えたかというお互いの読みを交流していきます。

最後にあなぐまが残した「おくりもの」と同じような、自分にとって宝となるようなものがないか振り返り、自分の言葉でまとめます。

■指導計画〈9時間〉「わすれられないおくりもの」

時	学習内容	学習活動
1	全文を読み、感想を書こう	・題名からどんな話か想像し発表する。 ・段落に番号を付け、八つの場面に分けながら全文を読む。 ・挿絵も参考にしながら、印象に残ったこと、思ったこと、考えたことなどを書く。
2	感想を発表し合い、読みの課題を決めよう	・感想を発表し、各時間の読みの課題を設定する。
3	一・二の場面を読み、あなぐまの人柄を読み取ろう	・一・二の場面を読み、あなぐまの人柄を読み取る。 ・あなぐまの「死に対する考え」を読み取り、「心はのこる」という意味を考える。 ・あなぐまの動物に対する言葉から、後に残す動物たちへの思いを読み取る。
4	三の場面を読み、あなぐまの行動と夢の意味について考えよう	・三の場面を読み、あなぐまの行動のひとつひとつが静かに死に近づいていく様子を書き抜きながら捉える。 ・長いトンネルの夢を見ているうちに安らかに永遠の眠りにつくあなぐまの様子を読み取る。
5	四の場面を読み、あなぐまの死を知った動物たちの悲しみを考えよう	・四の場面を読み、あなぐまの手紙を読んだ動物たちの気持ちを話し合う。 ・「やりきれないほど」悲しくなったもぐらの悲しみを読み取る。
6	五の場面を読み、冬の間の動物たちのとほうにくれている気持ちを想像しよう	・五の場面を読み、「雪が地をおおっても、悲しみはおおえない」などの情景から深い悲しみの気持ちを読み取る。 ・雪が深い悲しみの象徴であることに気付く。
7・8	六・七の場面を読み、動物たちとあなぐまとの思い出を読み取ろう	・六・七の場面を読み、雪とともに悲しみが消え、あなぐまとの楽しい思い出を語り合えるようになった動物たちの会話を想像し発表し合う。 ・「あなぐまがのこしてくれたもののゆたかさ」とは思い出だけでなく、知恵や工夫、助け合うことなどであることに気付く。
9	八の場面を読み、もぐらの言葉からもぐらの様子や気持ちを考えよう	・八の場面を読み「ありがとうあなぐまさん」というもぐらの言葉から、もぐらの様子と気持ちを想像する。

授業展開

第1時　全文を読み、感想を書こう

第一時は、題名に注目して全文を読みます。初発の感想を大切にしながら学習を進めていきます。

■題名・作者・絵・訳者を確認する

題名・作者・絵・訳者について確認します。

「**『わすれられないおくりもの』という話を書いた人は誰ですか**」

・スーザン＝バーレイさんです。
・文と言うのは作者のことです。
・絵を描いた人もこの人です。

「**だから、文だけ読んでいいですか。**」

・文だけでなく絵もいっしょに読んでほしいと思ったのだと思います。

絵と文を合わせて読んでいくことを確認します。

■題名から想像する

『わすれられないおくりもの』という題名からどのような話だと思うかノートに書いてから話し合います。

「**『わすれられないおくりもの』という題名からどのような話だと思いますか**」

・一生忘れないプレゼントの思い出の話だと思います。
・忘れられないという言葉から、自分にとって一番大切なプレゼントの話だと思います。
・売っているものじゃないと思います。

子どもたちは、「わすれられない」の言葉から想像します。

「では、どんな話なのか読んでいきましょう」

主な言語活動

・音読しながら、分からない言葉に――を引く。
・題名に注目しながら、初発の感想を書く。

■範読を聞きながら八つの場面に分ける

範読を聞きながら場面に番号を付けます。場面には[1]・[2]・[3]のように教科書に書き込みながら聞きます。物語では場面の移りかわりをとらえられるようにします。

【範読の仕方】

先生が読む（範読）は、どのようにしたらよいのかと言う質問をよく受けます。先生は自分の読みをするといいのではないかと思います。朗読に近い読みになるのではないでしょうか。

八場面に分ける

一の場面	二の場面	三の場面	四の場面	五の場面	六の場面	七の場面	八の場面
初め〜 P85・L7	P85・L8〜 P86・L1	P86・L2〜 P87・L8	P87・L9〜 P88・L13	P88・L14〜 P89・L9	P89・L10 P92・L8	P92・L9 P92・L14	P93・L1 終わり
・あなぐまの紹介 ・死に対するあなぐまの考え	・もぐらとかえるのかけっこを見に行ったあなぐま	・不思議なすばらしい夢を見ながら、長いトンネルの向こうへと逝ったあなぐま	・あなぐまの死の知らせ ・あなぐまの手紙を聞き悲しむ森のみんな	・冬の訪れ・みんなの深い悲しみ	・森のみんなのあなぐまとの思い出	・語り合うことで消えていった悲しみ	・あなぐまにお礼を言うもぐら

■全文を自分で読み、分からない意味の言葉に線を引く

「今度は自分で全文を読みましょう。分からない意味の言葉には鉛筆で線を引きながら読みましょう」

【難語句の扱い】

線を引いた難語句は場面毎の学習の際に、文脈に即して理解させます。必要に応じて解説したり短文作りをさせたりして理解を確かなものにします。それでも分からない時には国語辞書を使って調べていきます。国語辞書を使って意味を調べることに慣れていきます。

複合語がたくさん出てくるので意味を確認します。言葉の意味を考えることは深い読みにつながります。

知らないことはない
体がいうことをきかない
ねいる
行けば行くほど

悲しまないものはいない
やりきれない
おおいかくす
とほうにくれる
知れわたる

■感想を書く

ここでは、形の整った感想文を求めていません。

①読んで思ったこと・感じたこと
②心に強く残った場面とその表現（文）を書かせます。

こうすることで、この先読み進める「情景描写に関わって心が動いたのか」「性格や会話の表現で心が動いたのか」などをつかむことができます。

次の時間に感想を発表し合うことを予告します。教師は一人ひとりの感想を事前に読んで捉えておきます。

第2時 感想を発表し合い、読みの課題を決めよう

■感想を発表する

「書いた感想をもとに心に強く残ったこと、思ったことを発表しましょう。」

子どもの発表を教師は整理しながら板書していきます。（そのためにもあらかじめ子どものノートに目を通し、誰がどのような感想を書いているか把握しておくとよいのです。）

○感想を整理する

感想は何について書かれたものか、内容を分類して板書していきます。

【あなぐまの性格・人柄などについて】
・あなぐまは賢い
・あなぐまはみんなにたよりにされている。
・あなぐまは年をとっている。

【死に対する考えについて】
・どうしてあなぐまは死をおそれていないのだろう。
・もうやるべきことは果たしたから恐れていないのだと思う。
・あなぐまはもうすぐ自分が死ぬことを知っているようだ。
・死ぬことはこわいけれど、あなぐまはおそれていない。
・自分の死を分かっていたから、みんなへ手紙を書いたのだろう。

【後に残していく動物たちへの思いについて】
・自分がいつか長いトンネルの向こうへ行ってしまってもあまり悲しまないように言って、自分が死んだ後の友達のことを心配している。

主な言語活動
・感想を発表し、分類する。
・感想をもとに読みの課題を決める。

【ノート例】（前時に感想を書いたノート）

心に強くのこったこと
私は、あなぐまが森のみんなに頼《たよ》りにされていることが分かりました。できないことをできるようにさせたり、自分が持っている知恵《ちえ》を教えてあげたりするので、みんなはあなぐまのことが大好きだったと思います。

ぼくは「わすれられないおくりもの」という」題名からおくりものってなにかなと思いながら読みました。それは目に見えるものではないことが分かってきました。いつまでもみんなの心に残るおくりものをのこしてくれたあなぐまはすごいと思いました。

【あなぐまからのおくりもの】
・もぐらは、手をつないだもぐらの切り抜き方を教わった。
・かえるは、スケートを教わった。
・きつねは、ネクタイの結び方を教わった
・うさぎの奥さんは、しょうがパンの焼き方を教わった。

【その他】
・おかって、どんなところか行ってみたい。
・森の自然の様子

■課題をみんなで作る

「**感想の中でみんなで考えたいことは何ですか。一番大切なところはどこでしょう。**」
・あなぐまの性格について話し合いたいです。
・性格や人柄はすぐ分かることだから「おくりもの」について詳しく読みたいです。
・私もおくりものが大事だと思います。題名にもなっているし、「わすれられないおくりもの」って何なのかを読みの課題にしたいです。
・残された動物たちの気持ちもがどういうふうに変わっていくのか考えたいです。

このようなやり取りをしながら、整理して読みの課題を作っていきます。
①あなぐまの死に対する考え
②残す動物たちへのあなぐまの思い
③動物たちの悲しみの気持ちの変化
④すばらしいおくりものとは何なのか
などが課題として絞られてくるでしょう。
また、まわりの様子の変化（情景）などを考えたいと言う意見もぜひ取りあげたいところです。全部の段落に共通することを課題とするのもよいでしょう。

【板書例】
○あなぐまの性格・人柄
・賢い
・たよりにされている
・としをとっている
○死に対する考え
・どうしてあなぐまは死をおそれていないのか。
・あなぐまは、もうすぐ自分が死ぬことを知っている。
○後に残していく動物たちへの思い
・自分が死んだ後の友達のことを心配している。
○あなぐまからのおくりもの
・もぐらは、手をつないだもぐらの切り抜きを教わった。
・かえるは、スケートを教わった。
・きつねは、ネクタイの結び方を教わった。
・うさぎの奥さんは、しょうがパンの焼き方を教わった。
○自然のようす
・しずかな感じ
・長い冬
・春が来てよかった

第3時

一・二の場面を読み、あなぐまの人柄を読み取ろう

〈P84～P86L1〉

■物語の主人公であるあなぐまはどのような人物なのか、その言動から性格を想像して書く

一の場面はあなぐまの人物を紹介している場面です。そこで、本文を音読後、

「あなぐまはどんな人ですか。分かるところに線を引きましょう」

と指示します。

児童の発表を二つに分けて整理しながら板書します。

【どんなあなぐまか】
・大変年をとっている
・何でも知っている物知り
・賢い

【人柄・性格】
・いつもみんなにたよりにされている
・困っている友達は誰でもいつでも助ける
・自分が死んでしまった後に残していく友達のことが気がかり
・くよくよしない

■あなぐまは死について仲間にどのように伝えたのか話し合う

「あなぐまは『自分がいつか長いトンネルの向こう行ってしまっても悲しまないように』と言っていますが、トンネルの向こうに行くとはどういうことなのでしょう。」

・「トンネルの向こうに行くこと」は死んでしまうことだと思います。
・トンネルだからこちらの生きている世界ともつながっているんだと思います。
・あなぐまは、「死んでもみんなとつながっているよ」と言いたくて長いトンネルと言ったのだと思います。

「あなぐまは、なぜそういう言い方をしたのでしょう。」

・死という言葉を使うと友達が悲しむと思ったからだと思います。
・死はプツンと切れてしまう感じだけれど「トンネルの向こうでちゃんとみんなのことを見ているよ。思い出はつながっているよ。」と言いたいから、そういう言い方をしたと思います。

主な言語活動

・人物の性格を読み取り自分の考えを書く。
・アナグマの友達への思いを話し合う。
・比喩表現について話し合う。
・挿絵から分かることを話し合う。

・自分が死んでしまった後に残していく友達のことが気がかりで、あまり悲しまないように言ったのだと思います。

「トンネルの向こう」は比喩です。何を意味しているかだけでなく、「なぜこういう表現をしたのか」をこのように話し合います。

言葉の使い方に気持ちが込められているからです。

■あなぐまの人柄・性格について感じたことを話し合う

「このあなぐまの人柄や性格についてあなたはどう思いますか」

自分の考えをノートに書いた後で話し合います。

・あなぐまが、後に残していく友達のことが気がかりなのは、みんなが大好きだからだと思います。

・自分の体はなくなっても、自分の心はみんなの心の中に残ると思っています。

なぜあなぐまの心は、みんなの心の中に残るのだろうか。このような感想も出てくるかも知れません。後の読みにつながる課題です。

■二の場面を読みあなぐまの気持ちを読み取り話し合う

「かえるともぐらのかけっこを見ているとき、あなぐまはどんな気持ちだったのでしょう」

・とくに年をとったような気がしました。

・あと一度だけでもいいから、みんなと走りたいと思いました。

・友達の楽しそうな様子をながめているうちに、自分も幸せな気持ちになりました。

■あなぐまの気持ちから分かることを話し合う

ここでは、なぜあなぐまが「幸せな気持ち」になるのかを話し合います。

「友だち」という表現に気付かせながら話し合うとよいでしょう。

・友達が元気でかけっこをしているからうれしい。

・仲間ががんばっている姿を見るのが楽しい。

ともすると、このお話を指導者と指導される者という読み方に陥りがちです。そう読まないほうがよいでしょう。この話には「友だち」と言う言葉が何度も出てきます（「あとに残していく友だち」「あなぐまの友だちは」など）。歳は離れていても「友だち」なのだという強いメッセージを作者は送っています。

■物語の始まりを見つける

ここまでは人物についての説明で、物語はここから始まります。

「いつ、どこでのことですか」

・ある日、丘に登ったときのことです。

・あなぐまとかえるのかけっこを見たときのことです。

■挿絵から分かることを話し合う

・もぐらもがんばって走っている。

・見ているあなぐまは、うれしそう。

・季節は秋です。風が吹いています。

第4時

三の場面を読み、あなぐまの行動と夢の意味について考えよう

〈P86L2～P87L8〉

■あたりの様子とあなぐまの行動を読み取る

第三場面を音読後、次のように指示します。

「まわりの様子に波線、行動に傍線を引きましょう。」

作業後、線を引いたところを発表します。

【様子】

・だんろがもえています。

【行動】

・家に帰ってきた。
・月にお休みを言って、カーテンをしめた。
・地下の部屋にゆっくり下りていった。

「この様子とあなぐまの行動からどんな感じがしますか」

・いつもの夜と全く同じことをしています。
・月にいつものようにお休みを言っています。
・いつもと同じ静かな感じがします。
・落ち着いたゆったりとした感じがします。
・寒い季節が近づいている。

このようにして、全くいつもと変わらない、落ち着いたあなぐまの暮らしを押さえます。しかし、寒い季節は近づいています。

■変化をとらえる

【行動】

・夕ごはんを終えて、つくえにむかい、手紙を書いた。
・ゆりいすをだんろのそばに引きよせて、しずかにゆらしていくうちに、（あなぐまは）ぐっすりねいってしまった。
・ふしぎな、すばらしい夢を見た。

「いつもと違うあなぐまの行動は、どんなことですか」

この問いで、変化に気付かせます。ここから話は動き出します。

・手紙を書いています。
・夢もいつもの夢ではないようです。

■「すばらしい夢」とはどんな夢なのか読み取る

「あなぐまが見た『すばらしいゆめ』とはどのような夢ですか。」と問い、発表させてからノートに書かせます。

主な言語活動

・主人公の行動や様子に線を引いたりノートに書き抜いたりして、その意味を考える。
・「ゆめ」をノートに書く。

・あなぐまは、走っている。
・目の前に長いトンネルが続いている。
・どんどん速く走れる。
・ふっと地面からうき上がったような気がした。
・体がなくなってしまったよう。
・すっかり自由になったと感じた。

このようにして、一つひとつの表現をていねいに押さえます。

■あなぐまにとってどうしてすばらしい夢なのか話し合う

「**あなぐまがみた夢はどうしてすばらしい夢なのですか**」

と問い、本文の夢のすばらしさを挙げながらそれがどのようにすばらしいのか発表させます。

・歳をとってもう本当は走れないはずなのに走っていることがすばらしいです。
・つえもいらないし、体がすばやく動くのがすばらしいです。
・もぐらとかえるのかけっこを見た時「あと一度だけでも、みんなと一緒に走れたら」と思っていたことができたところがすばらしいです。
・今までできなかったことができるようになったことがすばらしいのだと思います。

このようなやり取りから、自分が思う通りに力強く、速く、体が動くすばらしさに気付かせます。

「まるで体がなくなってしまったよう」、「すっかり自由になった」という表現から、あなぐまがトンネルの向こうへ行ったこと、つまり死んでしまったことに児童も気付くでしょう。

【板書例】

学習課題
○あなぐまの行動と夢の意味を考えよう

〈ゆめを見るまでにあなぐまがしたこと〉
あなぐまは家に帰ってきた。
月におやすみを言ってカーテンをしめた。
地下の部屋にゆっくり下りていった。
→ いつもと同じ落ち着いた静かな感じ
つくえに向かい、手紙を書いた。
ゆりいすをゆすっているうちにねいった。
すばらしいゆめを見た。
→ いつもとちがう穏やかな感じ

〈ねいったあなぐまが見たゆめ〉
すばらしいゆめ
ふしぎなゆめ・・・走っている
すばやく動く体
どんどん速く走れる力強い足
地面からうき上がる
どこまでも続く
長いトンネル
体がなくなる
すっかり自由になる
死

第５時

四の場面を読み、あなぐまの死を知った動物たちの悲しみを考えよう

〈P87L9～P88L13〉

■心配している様子を想像して吹き出しに書き、発表し合う

本文を音読した後、次のように指示します。

「動物たちの心配している様子を想像してノートに吹き出しで書きましょう」

（いつも「おはよう」と言ってくれるのに今日はどうしたんだろう。）動物の絵

（今日は、どうして来てくれないのかな。）動物の絵

（年をとっているから心配だなあ。）動物の絵

吹き出しに書いたことを発表し合います。

■あなぐまの手紙を視写し、短い手紙にしたわけを話し合う

> 長いトンネルの
> 向こうに行くよ
> さようなら
> あなぐまより

視写することで簡潔な文に気付きます。なぜ、お別れなのに、短い文（手紙）にしたのかを話し合います。

・「死んで体がなくなっても心はのこることを知っていた」と84頁に書いてあったでしょう。死んでも心は残るから長い言葉はいらないと思っていました。

・短い言葉のほうが悲しみが深いと思います。

・一番言いたかったことだけを書いた。

主な言語活動

・様子を想像して吹き出しに書く。

・様子・行動と気持ちをつなげて読み取る。

・視写して文の特徴をつかむ

「死」と言わないで、「長いトンネルの向こう」と書いたことについても話し合います。

・「トンネルでみんなとつながっているよ。」と言いたかった。

・「みんな、悲しまないで。いつかは長いトンネルの向こうに行くんだよ。だいじょうぶだよ。」と言いたかった。

■あなぐまの手紙を読んだ動物たちの気持ちを話し合う

二重否定による強調した表現に注目させます。

悲しまない者はいませんでした。

↓

だれだって悲しんだ。一人残らず悲しんだ。

「とくに悲しんだのはだれですか」

・もぐらです。ベッドの中であなぐまのことばかり考えていた。
・涙が後から後からほおを伝い、毛布がぐっしょりぬれた。

■悲しんでいるもぐらの様子や気持ちを話し合う。

> なかでも、もぐらは、やりきれないほど悲しくなりました。

「『なかでも、もぐらは』から、どのようなことを考えますか」

・もぐらが森のみんなの中で一番小さくて、まだ子どもだったから、あなぐまに甘えていたのかも知れません。
・森の中で一番小さいから、あなぐまが一番かわいがってくれたのだと思います。
・もぐらに家族がいなかったから、あなぐまをお父さんのように思っていたのかも知れません。

話を読む時は、こう言った言葉の意味する深さにも注意を払うような子にしたいものです。

「もぐらの悲しみはどのように書かれていますか」

・やりきれないほど悲しくなりました。

「やりきれないほど悲しいというのはどのようなことでしょう」

・悲しくて悲しくて悲しみが体いっぱいになる。
・何にもしたくなくなって、あなぐまのことばかり考えていること。
・なみだがどんどん出てきて止まらない。

「なみだは、あとからあとからほおをつたい、毛布をぐっしょりぬらします。」と書いてあるでしょう。それくらい悲しいこと。

ここでは「毛布をぐっしょりぬらします。」というように現在形で書かれています。「毛布をぐっしょりぬらしました。」と過去形で書かれていないのはどうしてでしょうか。「ぬらします。」と書かれていたほうが、現実感があり、もぐらの悲しみが自分のことのように伝わってくるのです。（子どもが気付いてくれることがいいのですが）このような作者の表現にもこだわった読みも大切です。

■もぐらの悲しみをノートに書く

親しい人の死を経験したことがほとんどない子どもたちですが、今までの生活の中での経験や本で読んだことを思い出して、もぐらの悲しみを精一杯想像することができます。このような話し合いをした後で、「もぐらの悲しみ」について書きます。どんなもぐらなのかノートに書きましょう。

【ノート例】

> もぐらは、あなぐまが大すきで、だれよりもあなぐまをたよりにしていたのです。自分のお父さんのように思っていました。また、あなぐまも、もぐらを自分の子どものように思って、だれよりもかわいがってくれていたのです。だから、あなぐまが死んで、どうしたらいいのか分からなくなりました。悲しくて毎日泣いてばかりいました。泣いてばかりいたのでベッドの毛布がぐっしょりぬれてしまいました。

第６時

〈P88L14～P89L9〉

五の場面を読み、冬の間の動物たちのとほうにくれている気持ちを想像しよう

■本文を音読し、冒頭の二文を視写し話し合う

その夜、雪がふりました。
冬が始まったのです。

この二文を視写して押さえることで、場面の転換を鮮明にさせます。

「**『冬が始まったのです。』と『冬が始まりました。』とではどのような違いがありますか**」と発問します。文末を比べることによって、動物たちにとって厳しい冬が、「その夜」始まったことを捉えられるようにします。

「**その夜とは、いつの夜ですか**」

・あなぐまが死んだ次の日の夜
・あなぐまが死んだすぐの夜

「**ここからどんなことを感じますか**」

・あなぐまが死んで悲しいのに、その上厳しい冬が来てとてもつらい。
・厳しさ、辛さがよけいに強まる。

■挿絵と本文から森の冬の様子を箇条書きにして話し合う

「**五の場面と挿絵から、冬が始まった森の様子を想像して箇条書きにしましょう**」

・真っ白い雪が降り積もっている（視覚）
・冷たい雪（触覚）
・外を行き来する者もなく、しんと静まりかえった静かな森（聴覚）
・地上をすっかりおおっていて一面雪で真っ白。真っ白な世界（視覚）
・厳しい季節の始まり（心でとらえたこと・認識）

主な言語活動
・場面の様子を箇条書きにして、冬の厳しさを話し合う。 ・途方に暮れる気持ちを書いて話し合う。

■動物たちの様子を書いて話し合う

「**動物たちは深い雪の中でどのようにして過ごしていたのでしょう**」

・悲しみをおおいかくすことはできなかった。
・あなの中でじっとしていたと思います。
・雪で外に出られないと思います。
・みんなとも会えなくてつまらなかったと思います。
・それでよけいに悲しくなったと思います。

雪は、地上をすっかりおおいました。
けれども、心の中の悲しみをおおいかくしてはくれません。

を視写させます。対句と比喩により、冬の厳しさとともに悲しみの強さが表現されています。（「おおう」については具体的な絵や動作化で押さえます。）

第7時・8時

六・七の場面を読み、動物たちとあなぐまとの思い出を読み取ろう

〈P89 L10～P92 L14〉

■春がきた喜び、変化を話し合う

六・七の場面を音読してから聞きます。

「季節が変わり、動物たちはどうしましたか」

・春が来ました。

・互いに行き来しては、みんなあなぐまの思い出を語り合いました。

ここでは「春がきた」ことについて話し合います。

【板書例】

・季節が変わった。

・暖かくなってうれしい

・やっと、外に出られる。

・みんなと会えます

■動物たちの行き来を図で表す

さらに、「行き来して」と「行き来しては」とはどう違うかを考えさせ、「は」という表現から、何度もあちこちで思い出の語り合いが繰り返されたことに気付きます。それを図に書かせます。板書例にあるように、二人だけではなく、何人かが集まって語り合うことがあることも分かってきます。

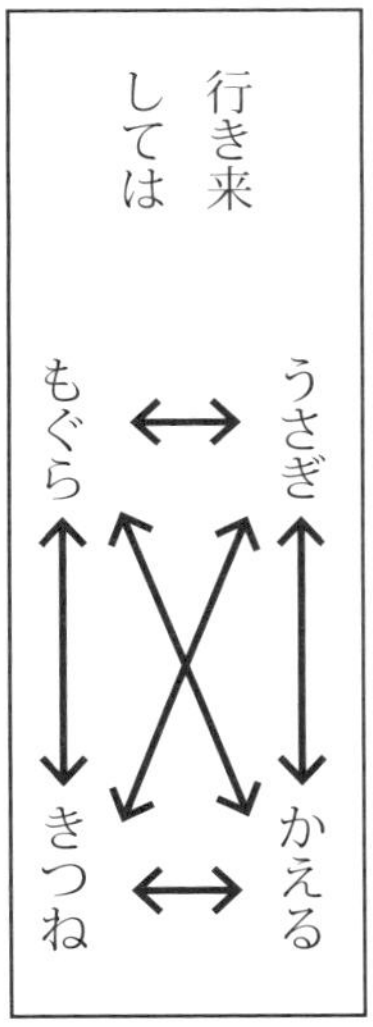

「どんなことを語り合ったのでしょうね」と投げかけて、次を音読します。

主な言語活動

・できるようになったことを一人称の文に書き換え語り合う。

・わすれられないおくりものについて話し合う。

■動物たちができるようになったことを一人称で書き換える

音読の後で、「もぐら」「かえる」「きつね」「うさぎ」はどんなことができるようになったのかを話し合います。その後で、四人組みのグループになります。

「うさぎ、かえる、もぐら、きつねはどんなふうに話したのでしょうか。うさぎ、かえる、きつね、もぐらになったつもりで、語り合いをしましょう」

として、それぞれの動物を選びます。そして、「できるようになったこと」を、「ぼくは」「わたしは」という一人称で書き換えます。

「かえるは」を「ぼくは」に書き換えるだけではうまくいきません。文末の書き方なども

必要になります。

【もぐらを選んだ児童の例】

> ぼくは、はさみの使い方が上手になりました。今は、一枚の紙から手をつないだ二人のモグラが切りぬけます。これも、アナグマさんがぼくに教えてくれたからです。はじめのころは、ばらばらになったのだけれど、手をつないだモグラができた時には、とび上がってよろこびました。今でもあの時のうれしさはわすれません。

このように本文に沿って書き換えるのがよいでしょう。目の前に聞き手を思い浮かべて、書き換えることが大切です。

■聞き手の反応も入れながら、語り合いをする（劇化する）

書き上がったら語り合いをします。（その時には、お面をかぶってやってもよいでしょう。）

「聞いている動物たちはずうっと黙っていたでしょうか」

と言う問いで、「語り合い」だからきっと感想などが出ただろう、反応があったと言うことを押さえます。

「皆さんも聞いているうさぎ、きつね、もぐら、かえるになったつもりで、感想などを言ってください。」

四人のグループで語り合いをします。

（語り合いの例・カエルの話）

ぼくは、スケートが上手です。（そうだねえ＝モグラ）。初めての練習の時にね。アナグマが、ずうっと、そばについていて教えてくれたんだ。アナグマは優しかったなあ。（僕の時も同じだよ＝きつね）（そんなことがあったのかあ＝うさぎ）

このように聞く子たちは、合間や終わりに、聞きながら感じたこと思ったことを言うことにします。そのためには、読みあげるのではなく、少しゆっくりと語らせるようにします。そうすることで、話すことを意識して、書いた文章を微妙に変える子も出てくるでしょう。

このように途方にくれている動物たちが語り合う中で、次第に元気になっていく過程を児童に体験させるのです。

■動物たちの悲しみが大きく変わったところを見つける

「途方にくれていた動物たちの気持ちが大きく変わったところはどこでしょう。」

・「最後の雪が消えたころ、あなぐまがのこしてくれたもののゆたかさで、みんなの悲しみも消えていきました。」と書いてあるので最後の雪が消えたころだと思います。

物語を読んでいくときに、登場人物の気持ちが大きく変わっていくところは、物語のクライマックスです。物語を読む醍醐味といえるところです。感動したり心に強く印象付けられたりする場面ですから、ていねいに情景や人物描写を味わいたいところです。

■どのようなことを通して、動物たちの気持ちは変わったのか話し合う

「最後の雪が消えるころまで、動物たちはどのようなことをしていたのですか」

・自分たちができるようになったことを話しました。

・行ったり来たりして、あなぐまとの思い出を語り合いました。

「この語り合いをしている時や終わった後で、動物たちはどんな気持ちだったでしょうか」

ノートに書かせて、発表は全体でします。

・きっと動物たちは楽しかったと思います。

・聞きながら自分とアナグマのことを思い出していたと思います。

・話した時、みんなに聞いてもらえてうれしかった。

・アナグマがいろいろ教えてくれたことをありがたいと思った。

■動物たちの悲しみがどのようにして消えていったのか話し合う

「今までこんなふうに語り合ったことはあったのでしょうか」

・なかったと思う。あなぐまが死んで初めて、語り合うことで、あなぐまがみんなに残してくれたもののことに気が付いたんだ。

・語り合ったのでもっとよくわかったのです。

このようなやりとりをしながら、「語り合うことを通して」初めて、あなぐまが森のみんなに残してくれたもののすばらしさに気付いたことを押さえます。

■アナグマの残してくれたもの＝わすれられないおくりもの＝について話し合う

「最後の雪が消えたころ」、「残してくれたものの豊かさ」などに注目して話し合います。

・残してくれたものがたくさんあるので、語り合っているうちに悲しみが消えていった。

・語り合いで、楽しかったことを思い出すたびに、心が温かくなった。

・何か話している時にアナグマを思い出せるから悲しくない。

・雪が全部溶ける頃までかかったんだ。だから、たくさん語り合ったと思う。

【板書例・部分】

わすれられないおくりもの
・あなぐまとの思い出→心に残る。
・いつでも思い出せる→心が温かくなる。
・ちえやくふう→役に立つこと。
・助け合うこと→協力することで生きられる。
・みんなで語り合えること→楽しい。

板書例にみるように、「事実」だけを押さえるのではなく、その意味（→の下）についても話し合います。

みんなで「楽しく語り合う」ことのできる素晴らしさもまた贈り物だったのです。

第9時

八の場面を読み、もぐらの言葉からもぐらの様子や気持ちを考えよう

〈P93L1～終わり〉

■もぐらの行為の意味を考える

八の場面を音読してから、次のようなやりとりをして場面の様子を押さえます。

「出てくるのはだれですか」

・もぐらです。

「いつのことですか。」

・あるあたたかい春の日

「どこでのことですか」

・いつか、かえるともぐらがかけっこしたおか

「もぐらはどうしてここにのぼったのでしょうか」

・お礼を言いたくなったから

・高い所のほうが声がよく通ってあなぐまに聞こえると思ったから

・あの時、丘に登って来てぼくのことを見ていてくれたその場所だから

・あなぐまは、この丘から最後の日までぼくを見守ってくれたから

ここでは、もぐらの苦労や成長としての意味が「登る」にあります。この丘は自分が成長してきた場所、それをもぐらが見守ってくれた場所なのです。その象徴なのです。

そのもぐらにとって特別なあのときの場所に行くことで、あなぐまとのつながりを強く感じることができるのです。

■言葉の短さからもぐらの思いを考える

「もぐらは何と言ったのかノートに書きましょう。」

ありがとう、あなぐまさん

「どうしてこんなに短い言葉なのでしょう」

この短い言葉に「続けて気持ちを書きましょう」と書き足しをさせる実践をよく見かけますが、ここではむしろ言葉の短さに注目させます。

言葉の短さには必然性があるのです。それを長々と書き換えるとイメージをこわしてしまうのです。

「この短い言葉からどんな感じを受けますか」

と話し合いをさせます。

・もぐらは、やっと言ったと思います。

主な言語活動

・短い言葉から受ける感じについて話し合う。
・文体の変化に気付き作者の願いを考える。
・さし絵をみて話し合う。

・言いたいことがいっぱいありすぎて言えなかったので短い言葉になったと思います。

・まだ、子どもだから胸がいっぱいになったと思いました。

・かわいいもぐらです。

言葉の短さ・不十分さの中にもぐらの精一杯の気持ちが表現されているのです。

■あなぐまへのもぐらの気持ちを話し合う

「そう言い終わったもぐらはどんな気持ちでしたか。ノートに書きましょう。」

・ぼく、もう平気だよ。大丈夫だよ。

・悲しいけどがんばるよ。あなぐまさんみたいにやさしい人になりたい。

・そばであなぐまが聞いていてくれているような気がしました。

・やっぱりもぐらはまだぼくのそばにいてほしいなあ。

●挿絵からも読み取る

この話は絵も作者が描いています。ですから最後の絵からどんな感じが伝わるかについて話し合います。85頁の絵と比べます。

「この挿絵からモグラのどのようなことが分かりますか」

・遠くを眺めています。あなぐまのことを思っています。

・しっかりと立っていて、もぐらはあのときのあなぐまと同じかっこうです。

・広々としていい天気です。また動物たちの物語がここから始まるようです。

「もう少しよく見てみましょう。もぐらの立っている位置に気付きませんか」

この問いで、「あっ、あなぐまの立ったところだ。」と気付くでしょう。もぐらの姿・格好は二人を見守ったあの日のあなぐまとそっくりです。やがて、もぐらがあなぐまのようになっていくことを暗示している絵です。

そしてまた、物語が始まるのです。

■文体の変化に気付き作者の思いに共感する

この話の最後の一文を読みます。

「そうですねーきっとあなぐまにー聞こえたにちがいありませんよね。」

「文の書き方で、何か気が付きませんか」

・作者が読者に直接話しかけている文で終わっています。

・ここだけ文の形が(文体)が変化しています。

「この最後の一文から作者はどんなことを言いたいのでしょう。」

・読んでいるみなさんもそう思うでしょう。

・もぐらさん。あなたの気持ちはきっとあなぐまにわかってもらえたよ。

・モグラさん、大丈夫ですよ。

・みなさん(読者)も、もぐらを応援してね。

この一文は、もぐらへのメッセージです。語り手もまた、もぐらを応援したくなったということでしょう。これはまた、この森の動物たちへの励ましの言葉とも読めるでしょう。

（横谷　和子）
（今井　成司）

3　人物の気持ちや状況をとらえて感想を持ちながら読む

「ちいちゃんのかげおくり」

あまんきみこ作（光村図書・三年下）

感想を書いたり話し合ったりする中で、人物の気持ちや状況、表現の特徴をとらえ、音読して読み深める。

ねらいと学習の重点

この教材は、ささやかに日々を暮らす家族が戦争によって離ればなれになり、命を奪われてしまう悲惨さを、「かげおくり」を通して伝え、静かに強く平和を求めています。

大事なことは、気持ち、状況を読みながら、それへの自分の感想や考えを持つということです。「気持ち読み」にとどまらないことです。その際、表現に注意しながら読むことが大切です。短い言葉・会話・倒置・省略など特徴的な表現に気付かせます。これらの表現が人物の置かれた状況と気持ちの両方を凝縮して表現しているからです。

自分の感想を書くこと・文を書き抜くことなどをしながら話し合います。また、音読で確認したり表現したりしていきます。

同じようなことですが、この作品の特徴は間接的な表現です。これらの表現のしかたの工夫に気付き、そこからイメージと意味を読み手が作っていくことで、作品に込めた作者の願いを考えていきます。

■指導計画〈12時間〉「ちいちゃんのかげおくり」

時	学習内容	学習活動
1	「かげおくり」について話し合い、感想を書こう	・題名について話し合う。 ・ちいちゃんに焦点を当てて感想を書き、互いに読み合い交流する。
2	墓参りに連れて行ったお父さんの気持ちを考えよう	・出征するお父さんの気持ちを書く。　・音読して人物像について話し合う。 ・「今」「みんな」に着目してお母さんの気持ちを話し合う。
3	かげおくりをする様子を音読しながら、家族の様子と思いを読み深めよう	・音読して声の重なりに気付き、感じたことをノートに書く。 ・「今日の記念写真」の意味を考える。　・お母さんの思いを話し合う。
4	お父さんが戦争に行ったあとのお母さんやちいちゃんのことを考えよう	・お母さんの心の中の言葉を書く。 ・二人でかげおくりをする様子を絵に描き、考えたり感じたりしたことを話し合う。 ・かげおくりができなくなった様子について話し合う。
5	空襲の様子とお母さんと離れてしまったちいちゃんについて考えよう	・空襲の様子を音読して表現の特徴をつかむ。 ・お母さんと離れてしまう時の様子を話し合い、ちいちゃんの気持ちを書く。
6	ひとりぼっちになったちいちゃんの様子と気持ちを読み、自分の感想をもとう	・町の様子の変化について話し合う。　・ちいちゃんの様子や言葉から感じることを話し合う。 ・防空壕ですごすちいちゃんの思いと様子を書く。
7	たったひとりでかげおくりをするちいちゃんの様子と気持ちを考えよう	・目が覚めたときのちいちゃんの様子を話し合う。 ・ちいちゃんの体の状態がわかる文を抜き書き、話し合う。 ・ちいちゃんが一人でするかげおくりの感想をもち、感想をもとに話し合う。
8 9	小さな女の子の命が空に消えた様子を考えよう	・花畑の様子を想像する。　・ちいちゃんの様子と気持ちを読み、感想を話し合う。 ・ちいちゃんが立っていた花畑の絵を描く。
10	作者の表現のしかたについて考えよう	・「小さな女の子」「きえました」と表現した意味を考える。 ・二つの「きらきら」の意味を考え、説明する。
11	「現在」の場面の意味を考えよう	・「今」の場面をちいちゃんの世界と対比してとらえる。　・「今」遊んでいる子どもに手紙を書く。
12	ちいちゃんに手紙を書こう	・ちいちゃんに手紙を書く。

授業展開

第1時

「かげおくり」について話し合い、感想を書こう

■題名について話し合う

「ちいちゃんのかげおくり」とノートに書き板書して話し合います。

普通、題名についての話し合いは3つあります。

①題名に使われている「言葉そのもの」について

②どんな中身・内容なのかについて

③題名というものの役割について

今回は①と②を扱います③はその中で出てくるでしょう。

○題名の言葉から考える。

板書例で示します。このようなことが話し合われるでしょう。

【板書例】

「ちいちゃんのかげおくり」

《ちいちゃん》
・小さな女の子
・かわいい子
・おさない

《かげ》 ＋ 《おくる》
・すがた　・とどける
・うつる　・伝える
・光　・次へいく
・本体ではない

かげをおくるあそび

自由に言わせるとこんな話し合いになります。こうしてみると題名の言葉は物語の中身、深い意味を暗示していることが分かります。

主な言語活動

・題名について話し合う。
・感想を書き、互いに読み合い交流する。

○題名から話の内容を想像する

「『ちいちゃんのかげおくり』という題からどんなことを想像しますか」

・普通は一人では遊ばないけど、「ちいちゃんのかげおくり」というと、一人で遊ぶ話かなと思います。

・「ちいちゃんの」という「の」がつくと、ちいちゃんにとってかげおくりが大事な話かなと思います。

こう言う話し合いで、中心人物や大事な言葉（しかけ・かげおくりのこと）が浮かび上がります。

ペアで話し合うことと全体で話し合うことを組み合わせてもよいでしょう。

■心に一番強く感じたことを感想に書く

全文を範読し、題名読みで話し合ったことと比べます。その後各自で微音読します。

今回は「ちいちゃんの行動や気持ち」を中心に授業展開をするので、「ちいちゃん」に焦点を当てて、心に一番強く感じたことを感想に書きます。

①感想を書く場面を限定し、題を決める

場面の例　ぼうくうごうの中でひとりぼっちでねむるちいちゃん

題の例　「……のちいちゃん」

②感想の中心を決める

ちいちゃんについてどんなことを考えたのか、感じたのか、ちいちゃんのどのようなことについて、どう感じたのかを考えます。

③百～二百字程度の字数で書く。

文字数を決めると文章のおよその目安が感覚的につかめるからです。

【感想文の例】

> ぼうくうごうの中のちいちゃん
>
> ちいちゃんは　お母さんとはなれてひとりぼっちになってしまいました。ひとりでぼうくうごうの中にいるちいちゃんがかわいそうでした。
>
> お父さんやお母さん、お兄ちゃんに天国でしか会えなくてかわいそうです。生きているときに会えるとよかったです。

■感想を交流し読みに向かう姿勢を作る

だれがどの場面でどのような感想を書いているのか読み合う時間をとります。

・お母さんと離れ離れになったときのちいちゃん

・一人ぼっちで最後のかげおくりをするちいちゃん

それぞれ心が動いた場面が同じであったり違っていたりします。交流する中で、この物語を子どもたちは自分なりに構成していきます。

ノートをグループや友達同士で回し合って読み、付箋紙やメッセージカードに読んだ感想を書いて渡します。

【メッセージカード例】

> ○○さんへ
>
> わたしは、ひとりぼっちになったちいちゃんがかわいそうだと書きました。でも戦争のことはあんまり感じませんでした。○○さんは、どうしてせんそうがおきたのかまで考えて書いていました。○○さんはそこまで考えていたのでびっくりしました。
>
> △△より

友達の感想を読んでこう書いた子は、戦争というものとかかわらせてこれから読んでいくことができます。これが交流のよいところです。

■総合読み、表現読みで終わる

授業の最後は多くの場合、本時で扱った場面を音読して終わるようにします。そのことでそれぞれが、自分で場面を再構成します。「総合としての読み」あるいは「表現読み」などと言われています。

第2時 お墓参りに連れて行ったお父さんの気持ちを考えよう 〈P4～P5〉

■場面全体を押さえて読みの課題をつかむ

第一～四段落を音読した後、書かれていることを大きくつかみます。（場面として押さえるので四段落まで読む）

「ここはどんな場面ですか」

・お父さんが出征するから、家族全員で墓参りをした場面です。
・墓参りの帰りに家族全員でかげおくりをする場面です。

家族でかげおくりをする様子を読み取る、ここから大まかな読みの課題ができます。

■冒頭の文を書き抜いて話し合う

冒頭の一文はこの話全体の方向を示唆している大事な文です。

「かげおくり」って遊びをちいちゃんに教えてくれたのは、お父さんでした。

を板書し、ノートに書いてから、分かること、気付いたことを話し合います。

・かげおくりは遊びだ。
・ちいちゃんはお父さんに教えてもらった。

など内容の理解ができます。さらに、文・表現に注目させます。

・「教えてくれた」、だからちいちゃんにとっては大事な遊びです。
・「かげおくりという遊びを」と最初に書いてあるから、かげおくりはこの話では中心になるのだと思います。

実はこの一文は、この章 全体にかかわる出来事をまとめている言葉です。図で書くと次のような関係になります。（一～七段落）

主な言語活動

・出征する前のお父さんの気持ちを書く。
・音読して家族の人物像を話し合う。
・お母さんの気持ちを話し合う。

かげおくりをお父さんが教えてくれた
①出征する前日、墓参りの帰り道
②家族みんなでかげおくりをした。
③それから兄妹はかげおくりで遊んだ。

こうしてみると、この章では読みの課題は三つ出てきます。（三時間扱いとした）

■お父さんの気持ちを吹き出しに書き話し合う

お父さんは出征を前にしてどんな気持ちだったのでしょう。お父さんがどんなことをお祈りしたのかを書くことで考えます（次頁のノート参照）。次のようなリード文があると書きやすくなります。

お父さんは、おはかの前で
［　　　　　　　　　　　］
を（と）おいのりしました。

書いたことを発表させながら、書いた内容を次のように分けてお父さんの思いを整理します。

・家族の安全を願う思い（安全）
・できるなら無事に戦争から帰ってきたい（命）
・戦争を早くやめてほしい（平和）

整理することで、発言しなかった子が書いたこともここに位置づけ確認することができます。

○家族はお父さんの気持ちを知っていたのか

これはぜひここで話し合いたいことです。

・お母さんは大人だからよくわかっていたと思います。
・ちいちゃんとお兄ちゃんは知らなかったと思います。お父さんもお母さんも子どもに心配かけないようにしていたと思います。

■音読して家族の人物像について話し合う

「その帰り道」以下「みんなでやってみましょうよ」までを役割読みをします。

「ここからどんなことがわかりますか」として、文に即して人物像を作っていく話し合いができます。

・お父さんは、子どもたちと一緒だったので楽しかった影送りを思い出した。
・お兄ちゃんは利口そうです。ちょっとしたつぶやきをちゃんと聴いています。
・ちいちゃんは、幼い感じです。
・お兄ちゃんのまねをする子で頼っています。
・お母さんは明るい感じがします。

■「今」「みんな」に着目して、お母さんの気持ちを話し合う

「お母さんは、どんな気持ちで『「今、みんなでやってみましょうよ。」と言ったのでしょうか』「みんなで」「今」に注目しての話し合いになるでしょう。

・家族そろってできるのは今、しかないから。
・今日やらなかったらもう永遠にできなくなるかもしれないから。
・家族がそろっていられる幸せを感じたかったから。
・今日が家族みんなで一緒にいられる最後の日になるかもしれない。

このように、母親の心理に迫ることで、状況を捉えることができます。音読をして終了します。

【ノート例】

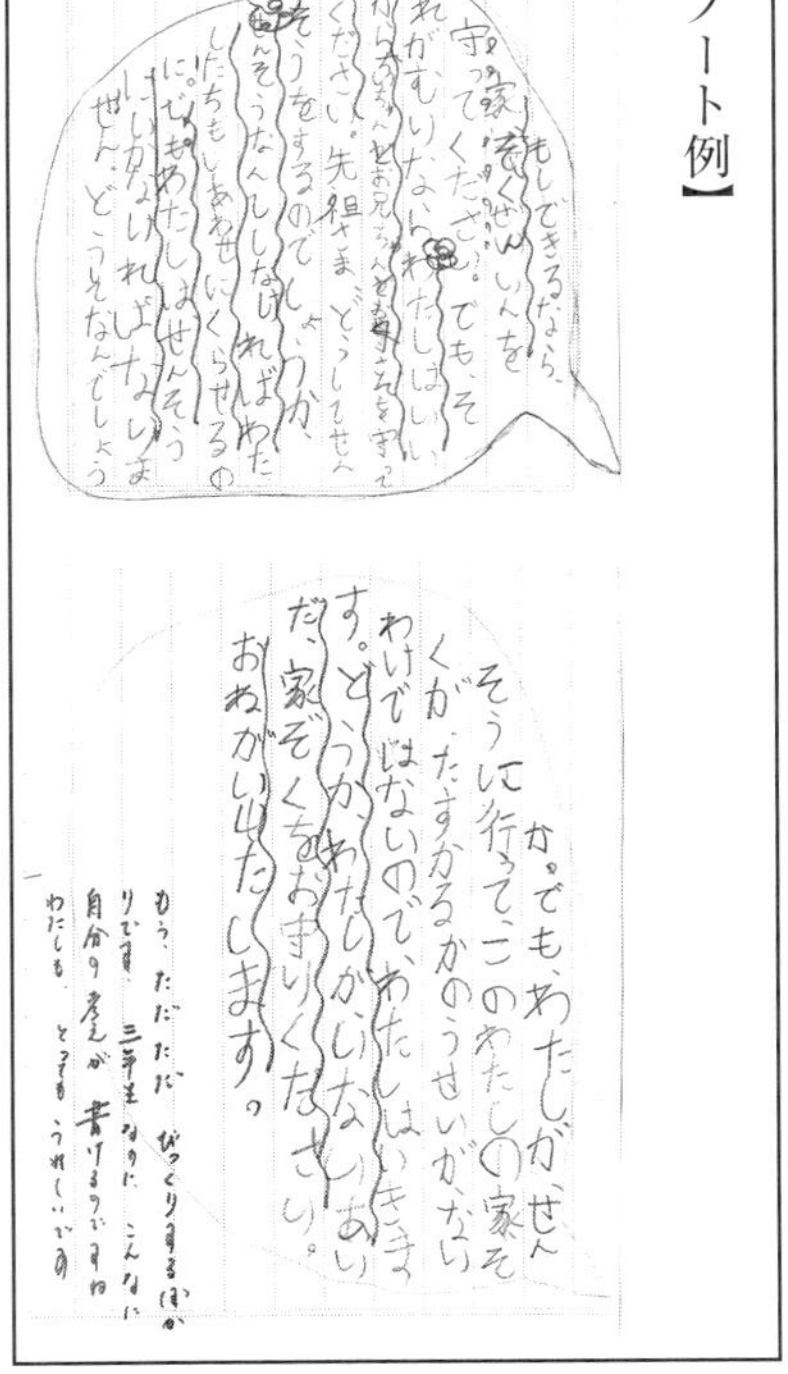

第3時 〈P6～P7〉

かげおくりをする様子を音読しながら家族の様子と思いを読み深めよう

三、四段落は、みんなでかげおくりをしている様子を読み、場面の持つイメージ作っていきます。もう一つは大きな記念写真の意味を考えることです。

■挿絵からわかることを話し合う

音読したら、挿絵を見て話し合います。

「挿絵に名前を書き入れましょう」

書き入れたらそのわけを話し合います。「ちいちゃんとお兄さんを中にしてと書いてあるから」という部分の読みがこれでできます。さらに話し合います。「小さいほうがちいちゃん」「大きいほうがお兄さん」「右側がお父さん」「左がお母さん」などと、みんなに発言してもらいます。

「この挿絵で気が付くことや質問はありますか」として、話し合いを進めます。

・子ども二人を中にしているのは、大事な二人を守りたいという意味だと思います。

・挿絵にはちいちゃんだけ顔が書かれています。この話の中心だからです。表情は、しっかりと影を見ています。（「目を落としました」と関連させる読み）。

・すっかりお父さんとお母さんを信じ切って手をつないでいます。（「瞬きしないよという約束」と関連した読み）。

挿絵をもとに話し合うことで、このように本文の言葉・文の読みもできるでしょう。

■音読で声の重なりに気付く

この場面をお父さん、お母さん、お兄ちゃん、ちいちゃん、地の文の5人で役割読みをします。そうすると、

「ようっつ、いつうつ、むうっつ」

（とお母さんの声が重なりました。）

のところをお母さん役の子だけが読んでしまいます。以下「お兄ちゃん、ちいちゃんも数えだした」のところも同じです。重なりだから前の人の声も入っているのに、当人だけが読んでいるのです。

「この読み方でいいですか。」と問うことで、「重なり」に気付かせていきます。

（ここはグループでやってもよい。それぞれのグループで練習すると、このことに気付いて重なりを読むグループも出てくるでしょう。「どうしてそう読んだの」と聞くと、ああそうか「重なり」だ、とほかの子たちも本文に着目することでしょう。）

主な言語活動

・役割読みをして様子を想像する。
・声の重なりについて感想を書く。

音読をこうして理解に生かします。しかし、実はそれだけではありません。ここでは「重なり」が重要なのです。

■声の「重なり」から感じたことをノートに書く

役割読みで、重なりをしっかりと音読してから聞きます。

「声が重なっていくことからどんな感じがしましたか。ノートに書きましょう」

・「すごうい」「すごうい」と言うちいちゃんとお兄ちゃんの言葉が感動的です。みんなで一緒に遊んでいて、お父さんを中心にして家族の心もつながっていく感じがします。

・最後に四人の声が重なったときに、影法師が浮かんだというのが、やったあ、できたという感じがしました。

・家族四人で一緒に作ったので喜んでいるのが分かります。

このように影が送れたことと、声が重なったことについての感想が出されるでしょう。

声の重なりは家族が一体となっている象徴なのです。

■「今日の記念写真」の意味することについて考える

記念写真というのは、話し合いの中で「大事な出来事」あるいは「心に残る出来事」などの写真と押さえられるでしょう。

「お父さんはなぜ『今日の記念写真だなあ』と言ったのでしょうか」

話し合います。

・今日が家族四人でできる最後の日だからです。心に残しておきたいと思ったのです。

・みんなで作った影、それは家族四人の姿です。それを忘れない、という意味です。

・四人で手をつないでいる様子をしっかりと目に焼き付けたということです。

家族のつながりの強さと別れへの思いが感じ取れる言葉です。

■文末に注意して、おかあさんの思いを話し合う

お母さんの反応に気付かせます。

「大きな記念写真だこと」

文末の「記念写真だこと」に着目します。

「どんな感じがしますか」

・心に残る記念写真だというのは同じですが、さびしい感じがします。

・お父さんは「記念写真だなあ」ですが「お母さんは「記念写真だこと」と言っていて、ちょっと離れた言い方です。自分のことではないかのような言い方です。

「自分のことではないかのような言い方」をしたわけを話し合います。もうすぐに戦争に行ってしまうお父さんのことを考えたら、手放しでは喜べない。後に残る自分たち、戦争で命を落とすかもしれないお父さん、それらが心をよぎっていた。そう読めるお母さんの言葉です。

家族でかげおくりをしている様子を音読で表現して終了します。

第4時

お父さんが戦争に行ったあとのお母さんやちいちゃんのことを考えよう

〈P8～P9L6〉

■場面を三つにわける

第五～七段落を音読してから問います。

「ここはどんな場面ですか」

> ①次の日お父さんが戦争に行ってしまった場面です。
> ②ちいちゃんとお兄ちゃんがかげおくりをして遊んでいる場面です。
> ③戦争が激しくなってかげおくりもできなくなったことです。

大きく場面を三つに押さえ、「お父さんが戦争に行ったあとのお母さんやちいちゃんのことを考えよう」という課題をつかみます。

■場面・言葉から意味をつかむ

「次の日、お父さんは、白いたすきをかたからななめにかけ、日の丸のはたにおくられて列車に乗りました。」

こういう文は分かったつもりで素通りしてしまいがちです、でも理解していない子もいるのです。また、深い意味もあるのです。

「この表現からどんなことが分かりますか」

と聞きます。これはかなり広い問いです。いろいろなことが出されます。

・見送られて戦争に行ったということです。

（文の意味・言い換えている）

・戦争に行く人を日の丸を振って大勢で見送ったのです。万歳と言って送ったのです。それが日の丸の旗に送られてです。

（擬人法について）

・「列車にのりました」と書いているのは「戦争に行きました」と違って弱い感じです。あまり戦争には行きたくなかったのかもしれません。（婉曲的・遠まわしの表現）

こうして場面の意味・イメージを作ります。

■お母さんの心の中の言葉をノートに書く

「『体の弱いお父さんまで、いくさに行かなければならないなんて。』とぽつんと言ったお母さんはどんな思いだったのでしょうか」

この続きをノートに書くことによって　お母さんの気持ちを考えます。

例文（続きの文）

・お父さんのことがしんぱいでたまりません。

・びょう気になったりけがをしたりしなければいいのですが。せんそうなんて早く終わればいいのに。

> **主な言語活動**
> ・お母さんの心の中の言葉を書く。
> ・絵を描いて説明する。
> ・二人のかげおくりができなくなったことについて話し合う。

書いたらグループで発表しあいます。戦争に対する母親の気持ちが話し合われます。

■ちいちゃんにお母さんの声が聞こえたのはなぜか考える

「『お母さんがぽつんと言ったのが、ちいちゃんの耳には聞こえました。』と書いてあります。この文から、どんなことがわかりますか」

・ちいちゃんはお母さんのすぐそばにいたことが分かります。だからポツンと小さい声でも聞こえた。

・お母さんが小さい声でぽつんと言ったのは聞かれてはまずい言葉だったからです。

・意味はよく分からないけれども、戦争に行ってほしくないというお母さんの思いが、ちいちゃんにはいつもとちがった感じとして耳に残った。

ちいちゃんには意味はよくわからない、しかし、母親の言葉の中に、いつもと違う声の響きを敏感に感じとったのです。母親の悲しみがそうさせたのでしょう。

■かげおくりをして仲良く遊ぶお兄ちゃんとちいちゃんの様子を絵に描く

「ちいちゃんとお兄ちゃんはどのようなかげをおくりましたか。空におくったいろいろなかげを絵にかきましょう」

本文には、「ばんざいをしたかげおくり。かた手をあげたかげおくり。足を開いたかげおくり。いろいろなかげを空におくりました。」とあります。これを絵に描くことで、ちいちゃんとお兄ちゃんの行動を具体的なイメージに表し、読みを鮮明にします。

「おんぶしてもらっているかげおくり」「手と手を引っ張り合っているかげおくり」「ちいちゃんをだっこしているかげおくり」など、いろいろな影を想像して絵に描いてどんな絵か説明します。そのことで、お父さんが教えてくれたもので仲良く遊ぶ二人のすがたを浮き彫りにします。

【絵を描いた例・ノート例】

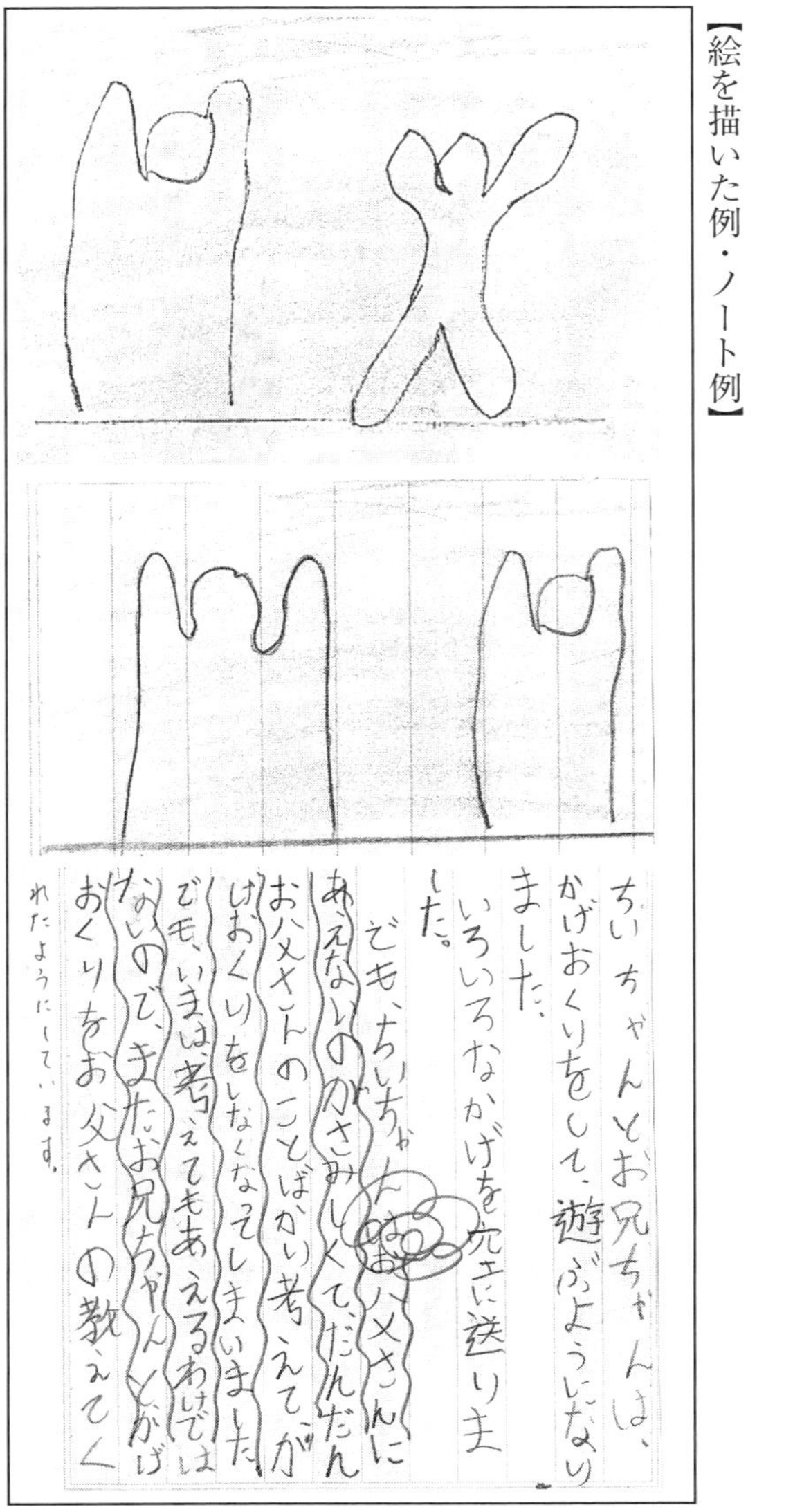
ちいちゃんとお兄ちゃんは、
かげおくりをして、遊ぶようになり
ました。
いろいろなかげを空に送りました。
でも、ちいちゃんはお父さんに
あえないのがさみしくてだんだん
お父さんのことばかり考えてか
げおくりをしなくなってしまいました。
でも、いまは考えてもあえるわけでは
ないので、またお兄ちゃんとかげ
おくりをお父さんの教えてく
れたようにしています。

■二人でかげおくりをしている様子を見て、感じたり考えたりしたことを書く

父親のいない家庭で、兄妹が楽しく仲良く遊んでいます。しかも、お父さんが残していってくれたかげおくりです。この様子や姿から読み手が何を感じとるか、何を考えるかが大事です。

「ちいちゃんとお兄ちゃんと二人でかげおくりをしているのを見て、あなたはどんなことを感じますか。ノートに書きましょう」

・お父さんが教えてくれたかげおくりをして遊んでいます。「お父さんとまたかげおくりをしたいな。早く帰ってこないかな。」と思っていると思います。なんだかかわいそうです。

・お父さんがいなくても仲良く二人で遊んでいるのがいいと思います。お母さんも二人が仲良く影送りをしているのでほっとしていると思います。

寂しさ、悲しさ、我慢しているけなげさ、戦争なんてなければいいのにという怒りなど読み手も二人の姿の中に、戦争のむごさを感じていきます。

■かげおくりができなくなった様子について話し合う

「『広い空は、楽しい所ではなく、とてもこわい所にかわりました。』とは、どういうことですか」

ここも比喩的・婉曲的な表現です。

・広い空があるから、楽しくかげおくりをして遊べるけれど、戦争が激しくなったからもう安心して遊べない。

・空には、しょうい弾や爆弾を積んだ飛行機が飛んでくるから、影送りができない。

・爆弾を積んだ飛行機がくるというのは、爆弾を落とすようになったということだから、いのちも危なくなった。

兄弟はおとうさんが残してくれたかげおくりで寂しさを忘れて遊んでいます。ところが、そのかげおくりまでもができなくなってしまったのです。

そして、戦争はお父さん、お母さんだけではなく子どもたちにも近づいてきている。それを暗示する一文です。

ここでは、この直前にある「そうです。」という一文にも目を止めさせるといいでしょう。これは、作者が思わず声を出してしまったことの表現です。

この一文には、お父さんに教えてもらった楽しい「かげおくり」の遊びさえも子どもたちから奪った戦争への作者の強い怒り・悲しみが顔を出しています。

広い空

かげおくりをする空 ← 楽しい空

かげおくりができなくなった空 ← こわい空

（しょういだんやばくだんをつんだひこうきがとんでくる）

（ひとりでするかげおくり） ← （空）

このように整理してみると、「広い空」がこの物語で重要な役割をしていることが分かります。作者はこのことを意識して「広い空」を主語にして表現したのでしょう。

第5時

空襲の様子と、お母さんと離れてしまったちいちゃんについて考えよう

〈P9L8～P12L8〉

主な言語活動

- 音読して様子を話し合う。
- ちいちゃんの様子や気持ちを書く。
- お母さんと離れたときのちいちゃんの様子をリライトする。

■感想を基に三つに分け、学習の課題を作る

二場面を音読してから聞きます。

「いつのことですか」

・夏のはじめのある夜のできごとです。」

その後、感想を話し合います。感想は次の三つに分けて黒板で分類・整理します。

①空襲の怖さ
②逃げるちいちゃんたちの必死さ・恐怖
③はぐれて一人ぼっちになったちいちゃん

このようにして大きく場面を三つに押さえ、読みの課題をつかみます。

■空襲の様子を叙述から読みとり話し合う

「空襲の様子はどの言葉で分かりますか。線を引きましょう」

くうしゅうけいほうのサイレン
・夜中に鋭いサイレンの響き
・怖い感じです。

赤い火が、あちこちに上がっていた
・暗い中に赤い炎が立ち上っている。不気味です。

風があつくなってきた

ほのおのうずが追いかけてきます。

目、耳、肌で危険が迫っているのを感じ取っています。自分の体で危険を感じ取っているのです。

「こっちに火が回るぞ。」
「川の方ににげるんだ。」
・だれか分からないが、あわてている人々の声だけが聞こえてきて余計怖さが増してきます。

全体の状況は分からない中で、ただ、赤い火や、逃げまどう人々の声、熱い風が恐怖心を高めるのです。

■音読して短い文の表現の特徴をつかむ

十頁の七行目までを音読してもらいます。ほかの子どもたちは、聞くときは文を見ないで聞くようにします。

「音読を聞いて、どんな感じがしましたか。」

・あわてている。怖い。緊張している。急いでいる。（ようす・感じたこと）
・言葉が短い。（文の表現の仕方）
・急いでいる時は、長々と話はしないから

言葉は短くなる。

このように音読をしながら怖い感じ、あわてている感じが短い文のつながりで表されていることに気付きます。

■ちいちゃんがお母さんとはぐれたときの様子を想像し話し合う

ちいちゃんがお母さんとはぐれてしまった場面（十頁二行～十一頁五行まで）を音読します。

ここを読んでの感想や分かることを話し合います。お兄ちゃんのけがのために、だっこされていたちいちゃんが走らなければならなくなったことを押さえます。その際、ちいゃんの背丈はどのくらいかを具体的に示します。その時、顔の周りには何があるのか。何が見えるのか。具体的にすることで想像しやすくなります。そのあとで、はぐれてしまったちいちゃんに焦点を当てます。

「『お母ちゃん、お母ちゃん。』ちいちゃんはどのように叫びましたか」

板書例のように書き抜き、どのように叫んだのか、補って書き込みます。そして、なぜそう書いたのかを説明してもらいます。

【板書例】

「お母ちゃん、お母ちゃん。」
ちいちゃんは、
・大きな声でなきながら
・お母さんをあちこちさがしながら
・たくさんの人にぶつかりながら
・何回も何回も声がかれるまでさけびました。

どのように叫んだのかを補うことで、その時のちいちゃんの気持ちを想像することができます。それを説明します。

■一人ぼっちになったちいちゃんの感想を書き、話し合う

橋の下の場面は感想を書いて話し合います。

・かわいそうなちいちゃん
・やさしいオジサンなのにどうして…
・お母さんが見つかったと思ったのに…
・橋の下で眠る心細さ。

これらが感想の中心でしょう。

【感想例】

お母さんだと思ったのにがっかりしました。どんなにかなしくて心ぼそかったでしょう。でも、まだちいちゃんは一人ぼっちになったとは思っていません。お母さんは明日になれば来てくれると思ったのです。だから大ぜいの人の中でねむれたのだと思います。お母さんもひっしでちいゃんをさがしていたと思います。

おじさんはどうしてちいちゃんをもっと面倒見てくれなかったのか子どもたちはやりきれなさ、もどかしさを感じます。大混乱のなかでは人々の善意もうまく機能しません。戦争というなかで起こる悲劇です。

●読みを生かして音読する

この場面の最後の二文はこの章のまとめとなっています。どう読んだらいいだろうか。それを話し合ってから表現読みをします。

お母さんとはぐれたときの緊迫感、お母さんを探すちいちゃんの必死な思い、ひとりぼっちになった心細さを音読で表現します。

第6時

ひとりぼっちになったちいちゃんの様子や気持ちを読み、自分の感想をもとう

〈P12L10～P15L2〉

主な言語活動

・言い換えて様子を想像する。
・しゃがんだ様子から気持ちを考える。
・思いが伝わる文を書き抜いて話し合う。

■音読して時間の経過と場面を押さえる

第二十～二十七段落を音読します。

「どんな場面ですか」

・焼け落ちた家に帰って来たちいちゃん
・焼け跡の防空壕でひとりぼっちで眠るちいちゃん

場面を押さえることで二つの学習の課題が出てきます。

課題

①焼け落ちた家に帰って来たちいちゃんの様子や周りの状況

②焼け跡の防空壕でひとりぼっちで眠るちいちゃんの思いと様子

ここでは幾日かが経過していきます。時・時間を押さえることが必要です。確認して図にして貼っておくとよいでしょう。

1	夜	くうしゅう　橋の下	一日目
2	朝	家のやけあと	二日目
3	その夜	ほしいいを食べた ぼうくうごうの中でねた	
4	くもった朝		三日目
5	暗い夜	ほしいいをかじった ぼうくうごうの中でねた	
6	明るい光	目がさめる 一人でかげおくり	四日目

■町の様子の変化を話し合う

● **「空襲の夜が明けた、朝」を押さえます。**

「『町の様子は、すっかりかわっています。』から分かること、感じることを言って下さい。」

「変わった」を具体的に言い換えることで様子が想像できます。

・家やお店があったのに、焼けて全部なくなっている。
・家や建物が燃えてしまったので遠くまで見える。
・がれきばかりになっている。
・建物がなくなっただけでなく、見え方まで変わってしまった。それが「ようすがすっかり」です。

● **「『どこがうちなのか――。』という言葉から考える」**

「――。」に注目させます。まだ下に言葉が

続くのですが書いてありません。

「どんな言葉が入りますか」と聞きます。

・「分かりません」が入ると思います。

多くはこう言いますが、さらに聞きます。

・家だったところと店だったところの「区別がつかない」というような意味の言葉です。

「そうですね。ではそう書けばよかったのにどうして書いてないのですか」

子どもたちは考えます。

・家だけじゃなくてどこが道なのかもわからない。

・林や公園も区別がつかない。

一つの具体的な言葉では表しきれないので書かなかったのです。読み手に想像してもらうために省略したのです。それほど大変な焼け跡の様子だったということを表しています。

■ちいちゃんの様子や言葉から感じることを話し合う

気持ち読みではなく「読者・読み手としての読み」を作っていきます。それには自分はどう感じるか、考えるかが大事になります。この物語の後半では、そう言う読みが中心になります。

●はす向かいのおばさんとのやりとりから感じることを話し合う

まず、おばさんと出会った時の会話から感じること話し合います。

・泣くのをやっとこらえたちいちゃんは、がんばろうと思っている。

・お母さんたちが「おうちのとこ」にいると思っている。信じているのがかわいそうです。

・自分が置かれている大変な事態がよく分かっていないからそう言っているのだと思います。

これらの発言を受けて十四頁のおばさんとのやりとりについても話し合います。

「深くうなずきました。」「また深くうなずきました」のところはどうですか。

・お母さんが来ると信じ切っています。でも本当は来るかどうか分からないのです。おばさんに一緒にいてくださいと言えればよかったのに。

・ちいちゃんにはそれしか考えがなかったのだと思います。ちいちゃんは小さくてまだ自分から「こうしてください」とは言えなかったのだと思います。だからうなずくだけです。

・おばさんはもう少しちゃんと確かめればいいのにうなずいたのを見ただけで行ってしまったのが悔しい。でもおばさんも自分のことだけで、余裕がなかったと思います。

ちいちゃんの気持ちだけではなく、読み手として自分が感じたこと・考えたことを話し合います。

●どこにしゃがみ、何を見ていたのか＝イメージを作りながら気持ちを読む

「『ここがお兄ちゃんとあたしのへや。』」

ちいちゃんのこの言葉からまずイメージを作ります。ちいちゃんはどこにしゃがんだのか、どこで・何を見て言ったのかを問います。

自分の家の焼けた跡のここが自分の部屋の当たりだったと思ってしゃがんだんだ。その目の前にあるのは黒く焼け焦げた柱。こんなことをイメージしてから聞きます。

「どんなことを思い出していたのでしょうか」

・お兄ちゃんと遊んだよ。楽しかったなあ。
・お兄ちゃんと一緒に寝たよ。
・お母さんが本を読んでくれたこと。

焼け跡にしゃがみこんでいるちいちゃんの姿とその思いを、このように合わせながら読むことで悲しみが伝わってきます。

■防空壕で過ごすちいちゃんの思いと様子について話し合う

防空壕については、教科書本文の下の注釈を写真などで補います。本文に「二日目の夜」「三日目の朝」と記入して、時間の経過をはっきりさせます。

壊れかかった暗い防空壕で寝たのはおそらく、ここで家族と避難していた経験があるからでしょう。

●「食べた」から「かじった」への変化が意味することを話し合う

> 二日目の夜—ほしいいを
> 　少し食べました。
> 三日目の夜—ほしいいを
> 　少しかじりました。

このように並べて書いてから話し合います。

・二日目は「食べました」だから味わったりしていますが、三日目は「かじりました」だから味わってはいない。体に入れただけです。
・三日目たったので、もう食べる力も元気もないのだと思います。

「食べた」と「かじった」の違いを考えることで、ちいちゃんの体調がだんだん悪くなっていくことが分かります。

ここでも思ったことを言ってもらいます。

・ちいちゃんはお母さんが作ってくれた雑のうからほしいいを出すときにお母さんを思い出しています。食べている時もみんなを思い出しています。

■ちいちゃんの思いが分かる文を抜き書きして話し合う

「雑のうやほしいいはお母さんや家族を思い出させるものです。それが最もよく分かる文はどれですか」

> お母ちゃんとおにいちゃんはきっと帰ってくるよ。

ノートに抜き書きします。

この言葉はいつどこでどう言われたのかは全く書かれていません。それらを想像して付け足して、話し合います。

・寝るとき。食べた時、暗くなったとき、さみしい時。雑のうを見たときなど
・ポツンと呟いた。自分に言い聞かせた。繰り返していた。信じているように。この言葉しかないかのように……。でもだんだんと小さな声になっていった。

このように想像することで、おかあさんへの思いの強さが伝わってきます。

第7時　たったひとりでかげおくりをするちいちゃんの様子と気持ちを考えよう

〈P15L4〜P17L3〉

■感想を出しながら読みの課題を話し合う

第二十八〜三十二段落を音読します。

「ここを読んでどう感じますか」

・ふらふらしながら立ち上がるちいちゃんがとっても悲しく感じます。

・一人でかげおくりをするちいちゃんがかわいそうです。

・ちいちゃんが死んでしまうのでかわいそうです。悔しいです。

たくさんの子に発表させます。それらの感想をもとに「ちいちゃんが一人でかげおくりをする様子」として読みの課題を押さえます。

ここは、感動的な場面ですので、このように感想から入るとよいでしょう。

■目がさめたときのちいちゃんの様子を話し合う

今日で何日目かをたずねます。空襲の夜から四日目の朝になったことを確認します。

「『明るい光が顔に当たって、目がさめました。』この言葉からどんなことが分かりますか」

・明るい光が顔に当たるまで気が付かずに寝ていたから、ちいちゃんが疲れきっていたことが分かります。

・体が弱っていたから、太陽の光をまぶしく強く感じたのでしょう。

・防空壕の穴に太陽の光が入ってきたので目が覚めたのは昼ごろだと思います。

主な言語活動

・叙述から様子や気持ちを想像して書いたり話し合ったりする。

・感想をもとにしてかげおくりの様子を話し合う。

朝おそくに目が覚めたのはなぜだろうか。話し合います。

■体の状態がわかる文を抜き書きして話し合う

「体が弱っていた」「疲れ切っていたから」という発言を受けて、

「それはどういう状態ですか。書かれているところを見つけノートに書きましょう」

・暑いような寒いような気がしました。ひどくのどがかわいています。

「ちいちゃんは、どういう状態なのですか」

・何も食べていないから体が弱くなっていて暑いのか、寒いのかわからなくなっているのかもしれません。

・暑いということでも大変です。寒いとい

うのも大変です。それが自分ではどちらか分からないというのはもっと大変なことです。

・熱が高い時などはそうなります。

自分の体の状態がもうつかめなくなってきている、そう読める一文です。その時、お父さんの声が空からふってきます。どんな声なのか読み進めます。

■「一人でするかげおくり」は、悲しい・悔しい・かわいそう―感想をもとに読み深める

本時の最初の感想をもとに読み深めます。

・かなしい
・くやしい
・かわいそう
・やりきれない　など

「一人でちいちゃんが影送りをする場面を読んでどこでそう感じたのかを言ってください」

教科書にサイドラインを引かせます。同じような感想でもできるだけ多くの子に言ってもらいます。

○ふらふらしながら立ったところ

・熱がありおなかがすいているのに力を振り絞って立ったのは、お父さんに会えると思ったからです。お父さんの声は忘れられないのです。（何とかしてやりたいなあ）

○たった一つのかげぼうしを見つめながら

・前は四つの影法師があったのに今は一つです。それを見つめるちいちゃんは一生懸命です。（とても悲しい）

○ひとうつ、ふたあつ、みいっつ

・いつの間にかお父ちゃんの声が聞こえてきて「あ、おとうちゃんだ」とうれしかったと思います。それでますます頑張ったと思います。（やりきれない悲しさ）

○おかあさんの高い声も……

・ちいちゃんにはお母さんの顔が浮かんできました。喜んでいます。（どう言えばいいのか……）

このように、ちいちゃんの喜んでいる姿、頑張っている姿を読むことで読み手は悲しみ・悔しさ・やりきれなさを感じるのです。

それは、この場面だけではなくここまでの経過と合わせて読んでいるからです。「気持ち読みではなく、自分の感想を持ちながら読もう」としたのはこのことがあるからです。

以下は同じように続けていきます。ちいちゃんの姿と心の高ぶりを読んでいきます。

■体がすいこまれていくのが分かりました―どういう意味か考える

体がすうっとすきとおって、空にすいこまれていくのが分かりました。

はノートに抜き書きします。

「どんなことが分かりますか。感じますか」

・透き通ってだから、体が見えなくなる感じで死んだと思います。

・空というのは大きな影法師ができた所だからそこに向かっていったということです。

・吸い込まれたというの自分からではなく引っ張られたという感じです。空だから、別の世界に行ったということです。高い所に行った。

第8時・9時

小さな女の子の命が空に消えた様子を考えよう

〈P17L4～P18L5〉

主な言語活動

・文を書き抜いて想像する。
・花畑の絵を描く。
・自分の感想を話し合う。

■悲しいのか良かったのか―読みのめあてを作る

第三十三～三十五段落を音読します。

「どんな感想を持ちましたか。一言か二言で書いてください」

今回は二つに分かれて感想が出てくるでしょう（整理して板書）

> A　悲しい。かわいそう
> B　ちいちゃんがみんなに会えてよかった

もし「かわいそう。悲しい」だけしか出ない時には次のようにします。「悲しい、かわいそうという感想ばかりだけれど、ここではちいちゃんはどう感じているのですか。」―「喜んでいる。うれしい。」そうですね。と言ってその場合は板書はこうなります。

> A　ちいちゃん……喜んでいる
> B　わたし達……悲しい・かわいそう

「どうしてこう違うのかな、読んで考えましょう」

■花畑の様子を書き抜き、場面を想像する

「一面の空の色。ちいちゃんは、空色の花ばたけの中に立っていました。見回しても、見回しても、花ばたけ。」を書き抜きます。

「『空色の花ばたけ』に立っているちいちゃんの様子を想像しましょう」

・空の色が真っ青だから、咲いている花がみんな青色に染まっていて、ちいちゃんも青色に見えるのだと思います。
・空一面ずうっと広がってお花がいっぱい咲いていていてちいちゃんは花に包まれています。
・もうここでは、しっかりと立っているのが分かります。びっくりして見まわしています。
・「空の色。」「花ばたけ。」で終わっているのは、「空がきれいですよ」「花ばたけにちいちゃんが立っていますよ」ということを強く言っていると思います。

「空の色。」「花ばたけ。」など、体言止め（名詞止め）を使っています。作者が強調して表現したいときにも使いますが、余韻を残して読み手の想像に任せるという効果もあります。

■ちいちゃんの様子と気持ちを読み、自分の感想を話し合う

「ちいちゃんが喜んでいる様子や言葉はど

れですか。あなたが悲しいと思うのはどこですか線を引きましょう」（波線と直線で分けて引く。）

線を引き始めた子どもたちは「先生、同じところになってしまってもいいですか。」と聞くでしょう。「いいですよ。」と応えます。

・「あたし軽くなったからういたのね」のところにひきました。ちいちゃんは軽くなったと言っているけど、本当は食べられなくてそうなったのだから、ぼくはかわいそうに感じます。

・「なあんだ。みんな、こんな所にいたから、来なかったのね。」「わらいだしました」のところです。ちいちゃんはみんなの顔を見て喜んでいます。でも、「こんなとこにいる」というのは雲の上だからもう生きていないと思います。ちいちゃんはそれに気付かないからきらきら笑って喜んでいるのです。ここが一番悲しいです。

・「わらいながら花ばたけの中を走りだしました」―良かったと思います。でも、向こうの世界に行くことで会えるというのはとても悲しいです。

これらは、人物の様子や思いが分かることで余計に悲しさが読み手に伝わるという感想です。

●表現の違いに気付く

「そうなんだ。ちいちゃんは喜んでいるのにわたし達は悲しい。そう言う場面なんだ。でもはっきりと悲しいというところもありましたね」

・「夏のはじめのある朝、こうして、小さな女の子の命が、空にきえました」です。

「ここはどんな文ですか。」

・離れて見ている感じの文です。

・ちいちゃんの気持ちではありません。

・これまでの全体のことを言っています。

「とても悲しくなるところですね。これについては後で考えましょう」

■ちいちゃんが立っている花畑を話し合い、絵に描く

今までと違ったちいちゃんの新しい世界を意識させるために、絵に描く学習です。

「空の花畑はどんな所ですか」

・お父さん、お母さん、お兄ちゃん、ちいちゃん、家族が幸せに暮らしている所です。

・戦争がない平和な所です。

・花がいっぱい咲いていて、美しい所です。

絵を描くことを通して、イメージを豊かにし、美しいきれいな世界を想像させます。空襲の怖い恐ろしい場面、焼け跡の悲しい場面など、戦争の世界と平和な世界とを対比させることができます。

描いた絵に、家族四人を書き入れます。絵ができたら横に本文から選んで文章・文を書き入れます。絵はノートの見開きに描くのがよいでしょう。

絵が描けたらグループなどで交流します。「こう言うつもりで描きました。」「こういう世界を想像しました。」など、どのようなことを描こうとしたのか説明をします。自分の読みが、本文と離れないようにします。

（77頁の子どもが描いた絵参照）

第10時

作者の表現のしかたについて考えよう

主な言語活動

・一文を書き抜き、表現について話し合う。
・言葉に込めた意味について話し合う。

■「小さな女の子の命」「きえました」と表現した意味を考える

前時の学習範囲を音読した後、聞きます。

「今までと違う書き方をした文が一つありましたね。どの文ですか」

一文を書き抜きます。

> 夏のはじめのある朝、こうして、小さな女の子の命が、空にきえました。

この場面は、ずっと、ちいちゃんに寄り添う視点で書かれていたのですが、この一文は、ちいちゃんと距離を置いて書いています。そこを考えさせます。

●始めは内容の理解

表現の特徴に入る前に、内容的な理解をします。「どう言う意味ですか」と聞いて、「ちいちゃんが死んだこと」と内容・意味を押さえておきます。

●離れた書き方だと何がわかるのか

次に表現の仕方です。

「今までの書き方とどこが違いますか」

・少し離れてみている書き方です。

「そうですね。すぐ近くで見るのではなく少し離れたほうがいいのはどう言うときですか」

・離れたほうが全体が見えるからです。
・近いと詳しく部分は分かりますが全体が見えません。

「離れて全体を見ているというのはどの言葉で分かりますか」

・「こうして」です。これまでのことを全部まとめていっています。

●小さな女の子の命とは

「他にも離れた書き方がありますね」

・今までは、「ちいちゃん」と書いていましたが、「小さな女の子」と書いています。

「なぜ、『ちいちゃんの命』と書かないで、『小さな女の子の命』と書いたのだと思いますか」

・ちいちゃんだけではないよ。ちいちゃんのような子がほかにもいたという感じです。
・少し離れてみると、ほかにもいたたくさんの命が見えてくる。
・「小さな女の子」としたことでちいちゃんだけではないという気持ちが伝わります。
・小さい子なのにかわいそうという感じが強まります。

少し離れてみた時、その意味はよく見えてくるのです。

○消えたという表現の持つ意味

「『死んだ』と書かないで『空にきえました』と書いたのはなぜだと思いますか」

・最後に空にかげおくりをしたから、空にきえたと書いたのだと思います。
・「消えました」だと何も残らない感じです。むなしい感じです。
・空にできた影のところに入っていって消えたのです。かげになったことかな。
・夏の初めのある朝、だれにも知られることなく一つの命が消えていったことのかなしさです。

作者のあまんさんは、ちいちゃんのように大勢の幼い子どもたちが戦争で死んでいったことに対する怒りを、この短い一文に込めているのではないでしょうか。

■「きらきら」のもつ意味について考える

「きらきら」が二回出てきます。

■かげおくりの意味について考える

この物語の冒頭の文に戻ります。

> 「かげおくり」って遊びをちいちゃんに教えてくれたのは、お父さんでした。

ここでの学習で子どもたちは、「くれました」に注目して「ちいちゃんにとってはよかったこと」と押さえました。

「どうして教えてもらってよかったのですか。そのわけを書きましょう」

ちいちゃんにとってのかげおくりの意味を考えます。ちいちゃんは最期、お父さんが教えてくれた「かげおくり」によってなつかしい家族の声を聞くと共に、大空にうかんだお父さんやお母さんのもとに走っていくことができた—そうであってほしい、そうであった。「かげおくり」に込めた筆者の祈りのようなものを感じとってほしいと思います。

・光っている
・輝いている
・華やか
・美しい

このような感じが出されるでしょう。

「見えることをいうことばなのに『笑い』や『声』がきらきらというのはどういうことなのでしょうか」

・そう聞こえたということ。輝いているように聞こえた。
・それはどちらも本当に喜んでいる姿・無邪気な姿。（ギラギラとの対比から、無邪気さ素直な喜び、が出てきます。）
・ちいちゃんの笑いは別の世界に入る瞬間の輝きを意味しているのかもしれない。

言葉が普通ではなく使われるとき、変わった使い方をされるとき、特別な意味や何かが強調されるということを押さえます。これは後で詩や文学作品を読むときにも大事な視点になります。

第11時

現在の場面の意味を考えよう

〈P18L7～P18終わり〉

主な言語活動

・『今』の場面をちいちゃんの世界と対比して考え、話し合う。
・今遊んでいる子どもに手紙を書く。

■「今」の場面について「ちいちゃんの世界」と対比して考える

なぜ、この場面を加えたのか、読みながら考えていきます。

■場面の大きな転換をとらえる

「ここはちいちゃんの話ですか」

・違います。
・今のことです。
・今の話です。ちいちゃんと関係があると思います。

■「今」とちいちゃんのときと様子を対比する。

「今」の話と「ちいちゃん」のときと、どのように関係があるのかを読んでいきます。

【板書例】

今（それから何十年）	ちいちゃん
①前よりもいっぱいの家	くうしゅうでやけおちてなくなった
②小さな公園（家族がみんな戦争で死んだから公園になった）	ちいちゃんが一人でかげおくりをした所 ぼうくうごうだった所 ちいちゃんの家があった所
③青い空	ちいちゃんがきえた空 かげおくりの空
④きらきらわらい声をあげて遊んでいます。	きらきらわらいだしました
⑤お兄ちゃんやちいちゃんぐらいの子どもたちが遊んでいる。	ちいちゃんもお兄ちゃんもここで遊んだ。

板書例にあるように、「今」の
①前よりもいっぱいの家
②小さな公園
③青い空
④子どもたちが遊んでいる。
を「ちいちゃん」の時と対比させて考えていきます。

●「今」の場面の意味することを話し合う

「このように見ていくとどうですか」

・小さい公園になっているということは、ちいちゃんの家族はみんな死んでしまったのでしょう。
・ちいちゃんの話が今につながっていることが分かる。
・青い空は今も昔も同じなんだ。
・それだけでなく、今の場面を読むとちいちゃんの話がとても悲しく感じる。

　この場面があることによって二つの世界をわたし達は比べることができます。そこにつながりと違いを読むことで、感じることも深くなるのです。比べて考えることで、今とちいちゃんの時の流れがつながっていて、過去に戦争があった悲しみの上に今の「平和」があることを感じ取ることができます。また、ちいちゃんのような小さな子どもの悲しみを忘れないでほしいという、筆者の願いが届けられているようにも読むことができます。

■公園で遊んでいる子どもたちに手紙を書く

「それではここに遊んでいる子たちに、これらの言葉（板書）を使って手紙を書きましょう。」

「公園で遊んでいる小さい子たち」に手紙を書くという形をとりますが、実は自分がこの話から何を受け取ったかを書くことになります。

［手紙・例］

公園で遊んでいる○○君へ

　今日もみんなとなかよく公園で遊んでいますね。この公園は何十年も前にはぼうくうごうだったところです。くうしゅうで一人ぼっちになったちいちゃんという女の子が、この場所でかげおくりをしながら死んでいきました。かなしいお話のあるところなのです。ちいちゃんはきっと、○○君がみんなと楽しく遊んでいるのをよろこんでいるとおもいます。平和がずっとつづくようにいのっています。

第12時　ちいちゃんに手紙を書こう

■全文を音読する

　学習したことを振り返って全文を音読します。ちいちゃんに思いを込めて物語を味わうように、ゆっくりとしたていねいな音読をします。指名して一人ずつ音読してもよいでしょう。

■ちいちゃんに手紙を書く

　お父さんが教えてくれた贈り物である「かげおくり」をしながら消えていってしまうちいちゃんの最期の姿に、子どもたちは深い悲しみを寄せます。過去の悲しみの後にわらい声を上げて遊ぶ子どもたち。今の自分を重ねて考える子どもたち。感想を「ちいちゃんへの手紙」と相手意識をもって書きます。

■書いた手紙を読み合う

　ちいちゃんの死をさまざまな思いで受け止めて書いた手紙です。お互いが読み合うことでいろいろな受け止め方があることを知ります。読んだ感想をメッセージカードに書いて交換します。友達に受け止めてもらった喜びが、次の学習に生きてきます。

【メッセージカードの例】

「ちいちゃんのぶんもえがおで遊んでくれている小さい子たちを見まもってあげてね。」というところを読んでびっくりしました。わたしは、そんなことまで考えませんでした。

主な言語活動

・全文を音読する。
・ちいちゃんに手紙を書く。
・書いた手紙を読み合う。

【ちいちゃんへの手紙の例】

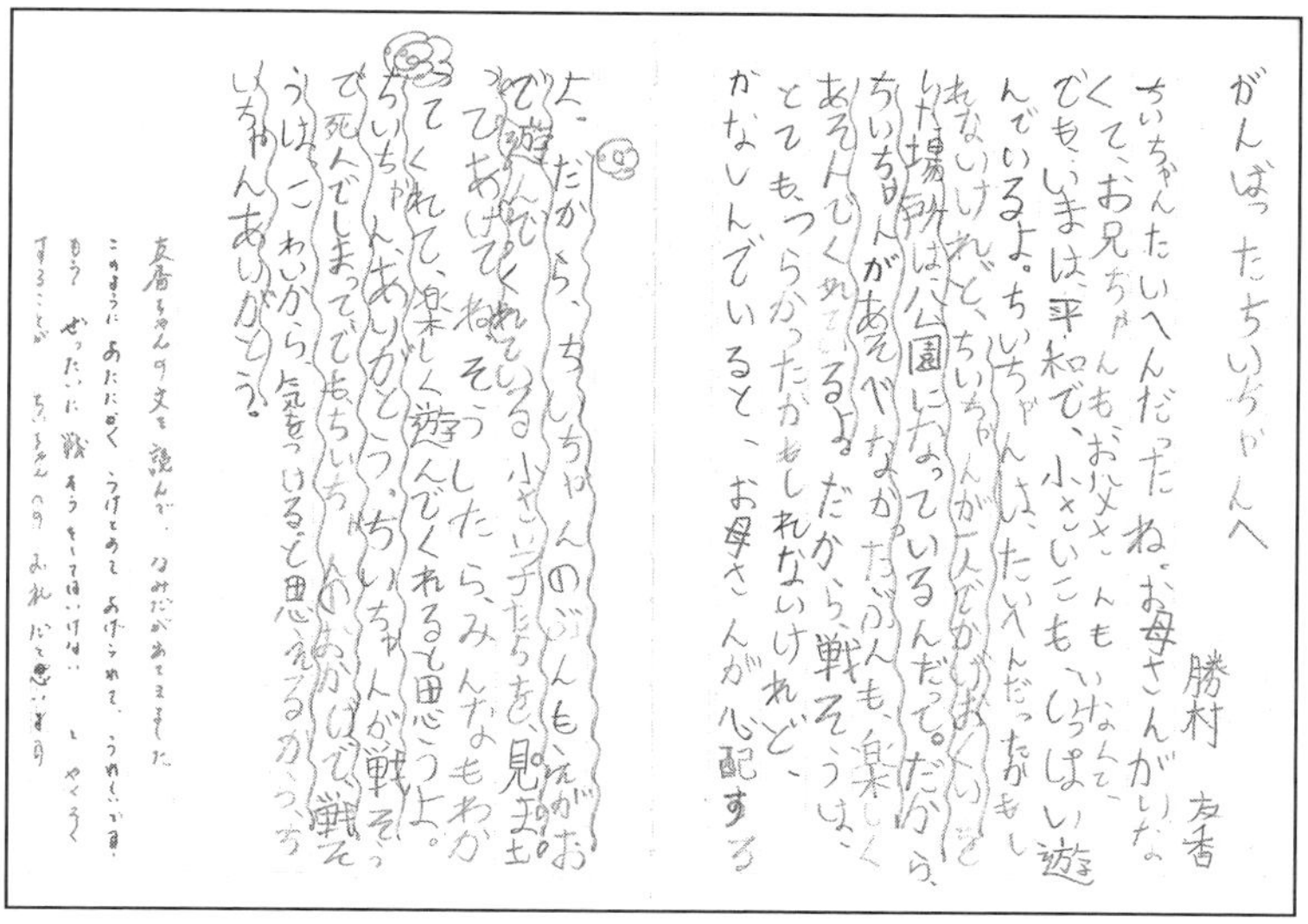
がんばったちいちゃんへ　　勝村　友香
ちいちゃんたいへんだったね。お母さんがいなくて、お兄ちゃんもお父さんもいなくて、でも、いまは、平和で、小さい子もいっぱい遊んでいるよ。ちいちゃんは、たいへんだったかもしれないけれど、ちいちゃんが一人でかげおくりをした場所は公園になっているんだって。だから、ちいちゃんがあそべなかったぶんも、楽しくあそんでくれているよ。だから、戦そうはとてもつらかったかもしれないけれど、かなしんでいると、お母さんが心配するよ。だから、ちいちゃんのぶんも、えがおで遊んでくれている小さい子たちを、見まもってあげてね。そうしたら、みんなもわかってくれて、楽しく遊んでくれると思うよ。ちいちゃん、ありがとう。ちいちゃんが戦そうで死んでしまって、でもちいちゃんのおかげで、戦そうはこわいから、気をつけると思えるから、ちいちゃんありがとう。

友香ちゃんの文を読んで、なみだがあふれてきました。このように あたたかく うけとめて あげられて、うれしいです。もう ぜったいに 戦争をしてはいけない と やくそくすることが ちいちゃんへの おれいだと思います

（林　真由美）

コラム

「読み手としてどう感じたか」を問う

かなり前のことです。「ちいちゃんのかげおくり」を読みあっている時、小川君という子が言いました。

「先生、ここで、ちいちゃんは、喜んでかけ出していくのですが、ぼくはとても悲しくなるのです」

この時、私ははっとしました。それ以来、『読み手としてのあなたはどう感じますか』という問いを大事にしてきました。ここを「ちいちゃんは喜んでかけていくから幸せな気持ちだと思います」と人物・ちいちゃんの気持ちだけで読んでいたのでは、この場面を読んだことにはならないでしょう。ほかの作品でも同じです。

今、私が見る授業の多くは「人物の気持ちを読もう」に偏りすぎていると感じています。これだけでは文学作品を読んだことにはなりません。

わたし達は、この「ちいちゃんのかげおくり」の授業展開では、意識して「あなたはどう読むか、どう感じるか」を取り入れました。読み手としての感じ方、考え方を育てたいのです。

合わせて、ちいちゃんの最後の場面では、一文に現れた語りの「視点」にも触れて読み手としての深い読みを目指しました。（今）

p71〈花畑を絵に描く〉

4 行動や会話から人物の気持ちや場面の様子を読み取り、音読する

「モチモチの木」

斎藤隆介（光村図書・教育出版・学校図書三年下）

言葉の意味や人物の行動から気持ちを読み取って、音読に生かす。

ねらいと学習の重点

温かく見守るじさまの愛情をたっぷり受けている「おくびょう豆太」が、じさまの腹痛をきっかけに勇気を出すまでの心の成長をとらえながら、本当のやさしさとは何かを考えて読みます。そのためには、「気持ち読み」に片寄らずに、豆太の様子、じさまとの関係などをていねいに読むことが大切です。また、豆太の様子や行動について、おもしろく楽しく読むことも必要でしょう。

書く活動を取り入れることで読みを確かにしていきます。ねらいに即して、いろいろな手法（抜き書き、視写、吹き出しなど）で書いていきます。読みを書くことにつなげ、書いたことをもとにして話し合い、読みを交流することでさらに読みが深まっていきます。行動や様子、会話などに注目して想像したり考えたりします。

最後に音読発表会をします。読み取ったことをどのように音読するか、音読のしかたを考えたり、音読を聞き合ったりして物語をより楽しく学習します。

■指導計画〈15時間〉「モチモチの木」

時	学習内容	学習活動
1	全文を読んで、感想を書こう	・感じたことを話し合った後で読んだ感想を書く。
2	物語の大体をつかもう	・物語の大体をつかむ。
3	どうして豆太はおくびょうなのか考えよう	・豆太とじさまのくらし、「おくびょう豆太」について話し合う。 ・結びの文から豆太へのねがいを読み取る。　・豆太への思いを書く。
4	豆太にとって「モチモチの木」はどんな木なのか考えよう	・豆太が「モチモチの木」と名付けたことについて話し合う。 ・豆太にとって昼と夜のモチモチの木はどんな木か考えて音読する。 ・豆太のことをどう思うかを書く。
5	山の神様のお祭りの話をするじさまと話を聞く豆太の気持ちを考えよう	・今夜がどんな夜なのかを考え、じさまの思いを考えて音読する。 ・じさまの話を聞いて揺れ動く豆太の気持ちを考える。　・豆太に手紙を書く。
6	じさまのはらいたで医者様を呼びに走る豆太の様子と気持ちを考えよう	・じさまの様子と気持ちを読み取る。 ・音読のしかたを考えて豆太の気持ちを読み取る。 ・医者様を呼びに走る豆太の様子や気持ちを話し合う。
7	「モチモチの木」に灯がついたことについて考えよう	・モチモチの木に灯がついているのを見たときの状況を読み取る。 ・豆太が「モチモチの木に灯がついている」をどのように言ったのか話し合う。 ・医者様の言ったことを話し合う。　・豆太に手紙を書く。
8　9	「弱虫でも、やさしけりゃ」の見出しに注目して考えよう	・豆太に語っているときのじさまの位置や言葉を考え、じさまの思いを話し合う。 ・それでもしょんべんにじさまを起こした豆太について話し合う。 ・じさまの言うやさしさを考え、豆太に手紙を書く。
10〜12	音読発表会をしよう	・招待状を書く。 ・音読の練習をし、音読発表会をする。
13〜15	斎藤隆介さんの作品を読んで紹介しよう	・作品を読んで、紹介カードを書く。

授業展開

第1時

全文を読んで、感想を書こう

■全文を読む

①**範読する**　語りの書き方なので、子どもが読みにくい文章です。教師が語り手のつもりで、教師も一読者としての読みを子どもに伝えるような気持ちで読みます。

②**各自で読む**　読み方に個人差があるので、十分間なら十分間と読む時間を決めます。

③**ペアで読む**　一文ずつ、あるいは段落ごとに交代して読んでもよいでしょう。互いに読んだり聞いたりしながら、全員が全文を読めるようになることが目的です。ペアで読むと緊張しないで読めます。

この時間には、三度読むことになります。

■感じたこと思ったことを発表する

「この話を読んで感じたこと、思ったことを自由に出し合います」

・じさまに、それシイーッと言ってもらわないとしょんべんができないところがおもしろい。

・豆太はじさまがはらいたを起こした時、びっくりしたのに、すぐ医者さまをよばなくっちゃと考えて走っていったのはえらい。

・夜中に一人で走れた豆太はえらいな。

・モチモチの木に灯がともったところが見られてよかった。

■一番心に強く残ったことを感想に書く

感想の中心をはっきりさせ、感想に題を付けて感想を書きます。一番強く心に残ったことはどのようなことか、どのように思ったのかを書いていきます。

主な言語活動
・全文を読む。 ・感想を話し合う。 ・中心を決めて感想を書く。

【ノート例】

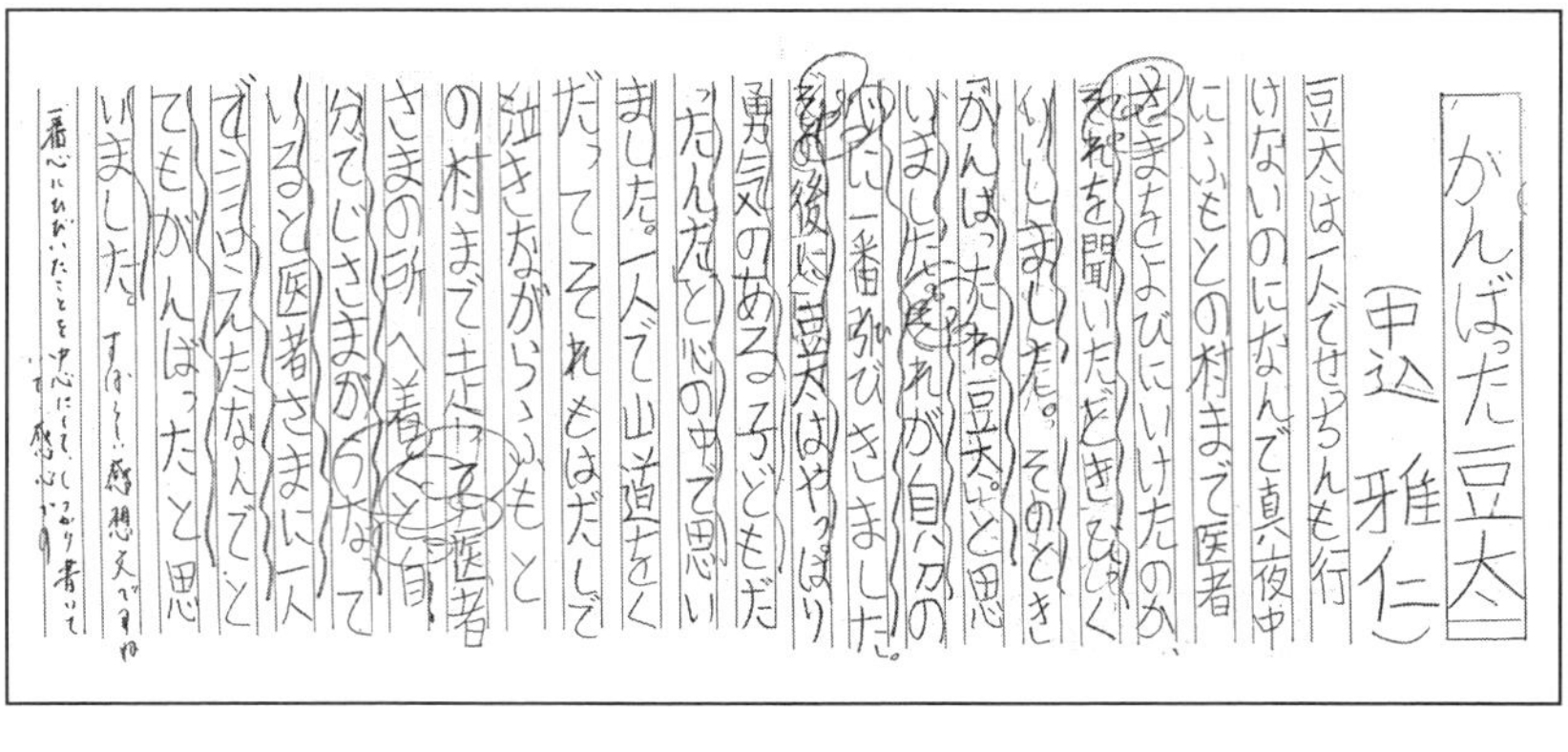

第2時 物語の大体をつかもう

■物語の大体をつかむ

物語は、時(いつのことか)、場所(どういうところの話か)人物(だれのことか)、できごと(事件)で構成されています。何がきっかけになって、どのような話になっていくのかをつかんでいきます。

ここでは、二通りの方法(観点を話し合う・挿絵を使う)を紹介します。

■観点を話し合うことでつかむ

「物語を読むときは、どんなことに気を付けて読みますか」

・題名は何か。
・いつのことか。
・登場人物はだれか。
・どこの話か。
・どんなできごとがあったか。
・どうした話か。

話し合いをしながら、次のようにまとめていきます。(板書の例を参照)

【板書例】

題名	モチモチの木
いつ	むかしのこと
どこ	とうげのりょうし小屋
だれが	豆太　じさま、医者様
どんなできごと	じさまのはらがいたくなり、豆太が真夜中に医者様をよびに行く。
どうした話	夜中に一人じゃ小便もできないおくびょう豆太が、じさまを助けたい一心でふもとの医者様をよびに行き、帰りにモチモチの木に灯がともるのを見た話

主な言語活動

・話の大体をつかむ。
・挿絵を見て話の内容を説明する。
・挿絵に見出しを付ける。

■挿絵を使って話の順序を大きくつかむ

挿絵を大きくカラーコピーして台紙に貼り、裏に磁石をつけておきます。用意した挿絵はこの後の授業のときにも貼ると効果的です。

「おくびょう豆太」
1(モチモチの木を見上げるじさまと豆太の絵)
「やい、木ぃ」
2(実をつくじさまと、足ぶみする豆太の絵)
「豆太は見た」
3(じさまを見て、びっくりしている豆太の絵)
4(泣き泣き走る豆太の絵)
5(小屋へ上がる医者様と豆太の絵)
「弱虫でも、やさしけりゃ」
6(灯がともるモチモチの木の絵)

一人ひとりに挿絵を縮小して印刷した紙を渡し、一枚ずつ切り取らせます。

■話の順番に挿絵を並べて、絵の説明をする

「話の順番に挿絵を並べましょう」

ばらばらにした絵を、話の順番を考えて並べ替えます。その後ペアで互いに並べた挿絵を見ながら、交代で説明し合います。一人ひとりが学習に参加するために、全員が発言できるようペア学習を取り入れます。

「並びかえた挿絵の説明をしましょう」

「……の話」、または、「……の豆太」というようにまとめて説明する方法もあります。簡潔に、大事な事柄だけをまとめて話す習慣がつきます。

まとめるときに本文に参考になる叙述があります。本文のどこを読むとまとめて話せるのか、線を引かせてもよいでしょう。線を引いた文を参考にすると容易に話すことができます。次のような説明ができるとよいでしょう。(――が本文)

・[1] じさまとたった二人で暮らしている豆太は、夜が怖いから、じさまについていってもらわないと、一人じゃしょうべんもできないという話

・[2] 小屋のすぐ前に立っている木に「モチモチの木」と名前をつけた。その木の実をもちにするとほっぺたが落っこちるほどうまいという話

・[3] じさまがうなっていたので、こわくて、びっくらして、じさまにとびついた豆太

・[4] 大すきなじさまの死んでしまうほうが、もっとこわかったから、なきなきふもとの医者様へ走った豆太

・[5] 月が出てるのに、雪がふるのをねんねこの中から見た豆太

・[6] モチモチの木に、灯がついているのを見た豆太

■挿絵に各自で見出しをつける

話した後で、それぞれの絵に短く簡潔に見出しを書く活動につなげます。

切り取った挿絵を順にノートに貼り、絵の下に見出しをつけます。子どもによっていろいろ考えて多様な言葉が出てきたほうがよいでしょう。生き生きとした見出しにします。

1 モチモチの木がこわくて、そっちを見ただけでしょんべんが出なくなる

2 「やい、モチモチの木」実ぃ落とせ早くもちを食べたいよ

3 はらいたをおこしたじさまを見てびっくりしている豆太

4 医者様を呼びに坂道をなきなき走っている。がんばれ豆太

5 月が出ているのに雪がふる。ふしぎだな。

6 うつくしいな。モチモチの木に灯がともっている

こうすることで、話の大体をつかむことができます。

ここでつけた見出しは、本文の学習のときに、場面を説明する言葉として使うこともできます。

第3時

どうして豆太はおくびょうなのか考えよう

〈おくびょう豆太〉

■学習課題を立てる

各自、微音読し、学習課題を立てます。

「『おくびょう豆太』を読んで、みんなで勉強したいことは何ですか」

このように発問すると、今日の学習の課題を自分たちで考えられるようになります。

・豆太はどうしておくびょうな子どもなのか。
・豆太はじさまとどのように暮らしていたか。
・なぜ豆太は一人で小便に行けないのか。

これらの発言を受けて学習を進めます。

「この三つのうちで中心はどれでしょう」

として、「おくびょう豆太」という小見出しに気付かせるとよいでしょう。

■豆太のくらしを話し合う

「豆太の暮らしが分かるところにサイドラインを引きましょう」

・せっちんは表にある（便所）
・じさまといっしょにねている（寝る）
・一まいしかないふとん（寝る）
・とうげのりょうし小屋（住む場所）
・たった二人でくらしている（家族）

「くらし」「生活」にかかわる言葉に注目させることは大切なことです。下の（　）のように、言葉を補う話し合いをするとよいでしょう。並べてみると「食べる」がないと気付く子もいるでしょう。それは、「モチモチ」につながる気付きになります。

主な言語活動

・豆太の暮らしにサイドラインを引き、話し合う。
・豆太の生活を想像して書く。
・おくびょう豆太について話し合う。

■豆太のくらしを想像して書く

次に、これらの言葉から、「豆太の生活」を想像してノートに書きます。

> じさまはびんぼうだから、ふとんが一枚しかないのでしょう。うすっぺらいふとんだから冬は冷たいと思います。いろりの火のこがとんでくるので穴があいています。たばこのにおいもします。豆太は子どもだから、ねぞうがわるくて、じさまをけとばすかもしれません。

> じさまとたった二人でということは、じさまがりょうに行っている時は、豆太は一人でるすばんをしているのでしょうか。さびしいと思います。

■「おくびょう豆太」について話し合う

語り手が、豆太が夜中に一人で小便ができないことを「おくびょう」だと言っていることを押さえます。

「豆太が夜中に一人で小便ができないわけが書いてあるところに線を引きましょう」

・せっちんは表にある

・空いっぱいのかみの毛をバサバサとふるって、両手を「わあっ。」とあげる

「どうして豆太は夜中に一人で小便ができないのだと思いますか」

線を引いた叙述や「せっちん」から考えさせます。

・せっちんは、とうげの小屋の外で電気がついていないから、真っ暗で怖いんだと思います。

・「もう五つ」と書いてあるけど、まだ五つでしょう。今だと幼稚園に行っているころだから、怖いのは当たり前だと思います。

・モチモチの木の葉や枝が動いていると、それがお化けのように見えるから怖いんだと思います。

・豆太はいろいろ想像できる子だから、葉っぱがお化けに見えてしまう。

ここでは特に、「モチモチの木がかみの毛をバサバサとふるって」「両手を『わあっ』とあげる」とはどういうことかを話し合う中で、豆太は「想像力があるのだ」だからこわがりというのは、その一つの表れなのだというような読みにまで深めてほしいものです。

■結びの文から豆太へのねがいを読み取る

「『それなのに、どうして豆太だけが、こんなにおくびょうなんだろうか――。』の『――。』にはどんな言葉が入ると思いますか。」

「――」には、豆太への「ねがい」と「こまったことだ」という二つの声が聞こえてくる文末になっています。語り手はじさまに寄り添ったり、豆太に寄り添ったりして思いを代弁しています。また、二人から少し距離を置いて語り手としての思いを語ったりもしています。ここの部分では、じさまの思いでもありますが、語り手としての思いが書かれているようにも読めます。ですから、誰の視点で考えるかがポイントになります

▽じさまの視点

・豆太はこまったやつだ。でも、かわいいやつだ。じさまもおとうも小さいころはおくびょうだったんだ。

▽語り手の視点

・じさまやおとうみたいにきもすけになってほしい。今でなくてもいいから強い子になってほしい。

・じさまもおとうも強いのに豆太はどうしておくびょうなんだろうか。不思議だなあ。

【豆太の生活の文に添えられた絵】

第4時 豆太にとって「モチモチの木」はどんな木なのか考えよう

〈やい、木ぃ〉

主な言語活動

・モチモチの木と名付けた理由を話し合う。
・豆太について自分の考えを書く。
・様子を想像して音読する。

■モチモチの木について話し合う

「やい、木ぃ」の場面を各自、微音読します。

「モチモチの木はどんな木ですか」

> モチモチの木ってのはな、豆太がつけた名前だ。小屋のすぐ前に立っている、でっかいでっかい木だ。

この二文をノートに視聴写します。教師は子どもと同じ速さで板書します。

何人かに音読してもらいます。

「『でっかいでっかい』と、なぜ『でっかい』が繰り返されているのでしょうか」

・高さも太さも、とっても大きいから。

・「大きい大きい」よりも「でっかいでっかい」のほうが大きな感じがするから。

ここでトチの木の説明をします。高さは二十～三十メートルでイチョウと同じくらいです。トチの木はできれば実物を見せたいものです。葉の大きさや枝ぶりの様子などを具体的にイメージさせます。身近なものと比較するとよいでしょう。

モチモチの木の説明が文中で三つ（「豆太がつけた・名前」「小屋のすぐ前に立っている・場所」「でっかいでっかい木・様子」）で表現されていることを押さえます。

■なぜ「モチモチの木」と名付けたのか話し合う

「豆太は、どうして『モチモチの木』と名付けたのでしょうか」

・実から大好きなおもちを作る木だからです。

・小屋のすぐ前にあるからいつも木の回りで遊んでいて、友達みたいに思っているから。

「豆太が「モチモチの木」と名付けたことをどのように思いますか」

・モチモチと二回繰り返しているのは、よほどおもちがおいしかったんだと思います。

・車を小さい子は「ブーブー」と言うのと同じで、幼くて子どもらしいと思います。

名前を付けたという行為について読み手がどう受け止めるかはとても大切なことです。

■昼の「モチモチの木」と豆太を想像して音読する

「やい、木ぃ、モチモチの木ぃ、実ぃ落とせぇ。」の一文をノートに視写させ、板書します。

この文は豆太がいばって言っているところです。どのように音読したらよいか練習します。「木ぃ」「実ぃ」「落とせぇ」の小さい字の読み方がポイントになります。

「やい、木、モチモチの木、実落とせ。」というように、小さい「ぃ」「ぇ」がないときとあるときを比較して考えさせてもよいでしょう。いばっているだけではなく、甘えたり友達のように思っている豆太のいろいろな思いが小さい「ぃ」「ぇ」から読み取れます。豆太の暮らしや様子、気持ちが音読のしかたに表れます。

一文なので一人ひとり全員に音読させます。

■夜の「モチモチの木」を怖がっている様子を音読する

「豆太は、どのように怖がっているのでしょう」

○夜になると、豆太はもうだめなんだ。木がおこって「お化けぇ。」って、上からおどかすんだ。夜のモチモチの木は、そっちを見ただけで、もう、しょんべんなんかでなくなっちまう。

をどのように読めばよいのか考えます。

・間の取り方
・声の調子
・声の強弱など

次に、【やい、木ぃ】の場面全文も役を決めて音読させます。

■じさまの言葉から感じることを話し合う

○「ああ、いい夜だ。星に手がとどきそうだ。おく山じゃぁ、しかやくまめらが、鼻ぢょうちん出して、ねっこけてやがるべ。それ、シイーッ。」

「このじさまの言葉からどのようなことを感じますか」

・豆太を怖がらせないようにおもしろくおかしく言っている。
・しかやいのししも友達みたいな感じです。
・豆太がかわいいなあという感じで言っている。
・怖がらせないようにのんびりとした調子で緊張しないように言っている。
・夜起こされるとこまるのに、そう言わないじさまがいい。

■豆太のことをどう思うかを書く

○五つになって「シー」なんて、みっともないやな。でも、豆太は、そうしなくっちゃだめなんだ。

「こういう豆太をどう思いますか。ノートに書いてください」

【ノート例】

一人でしょうべんもできないのでこわがりな男の子だと思います。おとうもくまにころされたのだからこわがりになったのかも知れません。

じさまはとしよりだから夜中におきるのはかわいそうです。一人でもしょんべんに行ける子になってほしいです。

第5時

〈霜月二十日のばん〉

山の神様のお祭りの話をするじさまと、話を聞く豆太の気持ちを考えよう

主な言語活動

・じさまの思いを話し合い音読する。
・揺れ動く豆太の気持ちを話し合い、豆太に手紙を書く。

■「今夜」について話し合う

「霜月二十日のばん」の場面を各自、微音読します。

「今夜とは、いつですか」

と聞きます。

・霜月二十日の夜のことです。

「霜月」「うしみつ」の意味を押さえます。

「霜月」は、旧暦（陰暦）十一月のことで、霜月二十日は今でいうと十二月の終わりにあたります。「うしみつ」とは、今の午前二時から二時半のことです。「うしみつ」の意味を辞典で調べたり、「草木も眠る丑三つどき」はお化けが出る時間と言われていることなどの話をしたりします。

■どんな夜なのかじさまの話を読む

今夜はどんな夜だとじさまが言っているのか本文に［　］で囲みます。

モチモチの木に灯がともる

「この言葉からどんなことを感じますか」

・何かいいことが起こりそうだ。
・特別のばんなんだと思い、わくわくする。

■豆太に話すじさまの思いを考えて音読する

じさまの会話文を線で囲み、どのような思いを込めて話しているのか考えます。

「じさまはどのような思いを込めて豆太に語っていますか。それはどこから分かりますか」

「起きてて見てみろ。」「おらも、子どものころに見たことがある。」

・豆太に、灯がともった美しいモチモチの木を見せてやりたい。

「そりゃぁ、きれいだ。」「死んだおまえのおとうも見たそうだ。」

・豆太に灯がともるのを見たいと思う気持ちを起こさせたい。

「それは、一人の子どもしか、見ることはできねえ。」「それも、勇気のある子どもだけだ。」

・豆太に勇気を出して強い子どもになってほしいと願っている。

話し合いの後で、じさまの願いを考え、語調、

間の取り方、じさまの表情などを想像して音読します。

■じさまの話を聞いて、揺れ動く豆太の気持ちを考える

「じさまの話を聞いて、豆太は、どんなことを言いましたか。そこを抜き書きしましょう」

・「――それじゃぁ、おらは、とってもだめだ――。」

この文をどう読むかについて話し合い、豆太になりきって音読します。

「この言葉から豆太のどんな気持ちが分かりますか」

・見たいな。
・見たいけど見られない。
・おらには無理だ。
・本当は見たいけど怖いから見たくない。

豆太は「モチモチの木」の灯を見たいという気持ちと、怖くて見られないという二つの気持ちの間を揺れ動いています。それが、「――それじゃぁ、」と「だめだ――。」の「――」に見事に表現されています。読み取ったら多くの子に音読させます。

「このように思う豆太についてどう思いますか」。ここまでは豆太になりきって読みましたが、ここでは自分の考えを話すようにします。

・こわがらないで勇気を出せばいいのに、弱虫だな。
・おとうもじさまも見たのだから自分も見たいと思う気持ちがあるならがんばればいいのに、おくびょうだな。

怖がっている豆太を残念だと感じつつも、豆太に勇気をもって見てほしい、じさまやおとうみたいに強くなってほしいという豆太への期待が出されるでしょう。

【板書例】

今夜＝霜月二十日のばん

モチモチの木に灯がともる

見てえなぁ
じさまも
おとうも見た
ゆめみてえにきれいなんだそうだ

⇔

とんでもねえ
冬の真夜中に
たった一人で
おしっこをもらしちまいそうだ

あきらめて、よいの口からねてしまった。

あきらめて寝てしまった豆太の思いの中に、本当は勇気のある強い子になりたいのだという意識が潜んでいたのではないでしょうか。これから起こるであろう出来事の予感が感じ取られる場面です。

■豆太に手紙を書く

豆太に寄り添って手紙を書きます。本文は豆太になりきって書かれているので、同じ方法を取らないようにします。「自分ならこう考えるよ」という書き方にします。

【手紙例】

豆太はモチモチの木に灯がともるのをだれよりも見たいと思っているでしょう。じさまもおとうも見たし、勇気のある子どもだけが見られるのですから。

でも、夜はこわくて、一人でとても外に出られないからあきらめていますね。あきらめなくていいんだよ。来年がんばってね。わたしも、勇気のある子どもになりたいと思っています。

第6時

じさまのはらいたで、医者様を呼びに走る豆太の様子と気持ちを考えよう

〈豆太は見た・前半〉

■音読して学習課題をつくる

「豆太は見た」の前半を各自、微音読します。

「この場面でどんなことが起こりましたか」

・じさまの腹が痛くなったので、豆太が夜道を一人で医者様を呼びに走りました。
・おくびょう豆太が勇気を出した話です。

こうして学習の課題を決めます。

■じさまの様子と気持ちを読み取る

豆太の様子や言葉には青、じさまの様子や言葉には赤でサイドラインを引いていきます。豆太とじさまの会話文を区別して黒板にはります。真夜中にじさまに何が起こったのか、豆太はそのときどんな様子だったのか、叙述から読み取ります。

「じさまはどんな様子ですか」

・「ま、豆太」から、一回で「豆太」と言えないくらい、お腹が痛いことがわかります。
・「じさまは、じさまは」と二回も繰り返しているから、豆太に話そうとするけど話せないくらい痛いんだと思います。
・「ちょっとはらがいてえだけだ。」本当はものすごく苦しいけれど、豆太に心配させないようにしようと思って、ちょっとだけだと言っています。

■音読の仕方を考えて、豆太の気持ちを読み取る

最初の「じさまぁっ。」と、じさまの事態を把握した後の「じさまっ。」を豆太がどのように言っているのか、音読のしかたを考えて豆太の気持ちを読み取ります。

「じさまぁっ。」
むちゅうでじさまにしがみつこうとした。

・熊はおとうを殺した。熊は怖いという感じで読みます。
・じさまに助けてほしいと呼ぶ感じに読みます。

「じさまっ。」
こわくて、びっくらして、豆太はじさまにとびついた。

・熊だと思ったらじさまだったからびっくりして、思わずじさまを呼んだ。
・初めてのことだから、どうしたらいいのか分からなくて怖がっている感じで読みます。

このように、読み方を説明させます。その

主な言語活動

・気持ちを考えて役割読みをする。
・豆太の気持ちが分かるところにサイドラインを引き、話し合う。
・泣き泣き走ったについて話し合う。

ときの豆太の表情も想像します。

挿絵から感じることになるでしょう。

「そのときの豆太はどんな顔をしていますか。挿絵も参考にして表情を考えましょう」

・びっくりしたから目が大きく見開いている。

・手を大きく開いて、さわってはいけないと思い、体がこわばっています。

話し合った後、じさま、豆太、地の文に分かれて役割読みをします。

【板書例・部分】

「じさまぁっ。」	「ま、豆太、心配すんな。じさまは、じさまは、ちょっとはらがいてえだけだ。」
「じさまっ。」	
⇓	
「医者様をよばなくっちゃ。」	

■医者様を呼びに走る豆太の様子や気持ちを話し合う

サイドラインを引いた言葉から豆太の様子や気持ちを話し合います。

小犬みたいに体を丸めて、

呼びに行くんだという強い思い

表戸を体でふっとばして

・一秒でも早く行かなくちゃという必死さ

ねまきのまんま。はだしで。

・着がえることを思いつかないくらいあわてている。寒い夜中でどんなに寒かったか。

霜が足にかみついた。

・とがった霜が足にたくさんささっている。とてもいたい。

子どもたちは、豆太に寄り添いながら豆太の様子を想像し気持ちを考えていきます。叙述をもとにして自由に話し合います。

■繰り返しの表現から豆太の気持ちを考える

始めの「なきなき走った。」と後の「なきなき走った。」の繰り返しについて考えます。

「なきなき走ったが二度出てきます。どんなことが分かりますか」

・ずっと泣きながら走っていることが分かります。

・初めのほうは、痛くて寒くて、怖いので泣いているのが分かります。

・後のほうは、やはり寒くて、痛くて、こわいのと、じさまが死んでしまうのはもっとこわいので泣き泣き走ったのだと思います。

初めの「なきなき走った。」

豆太はふもとの医者様めざして無我夢中で坂道を走ったものの、足は痛いし寒いし、外は月明かりがあったとしても暗いのです。怖くて泣き泣き走ります。

後の「なきなき走った。」

坂道を走りながら、豆太はじさまが死んだらどうしよう。じさまは死んでしまうかもしれない。死んだらもっと怖い、じさまが死んだときの不安と恐怖が豆太を襲い、豆太は泣き泣き走ります。

「なきなき走った」の違いを考えた後で、**「泣きながら走っている豆太に対してどう思いますか」**と投げかけて、話し合いをしてもよいでしょう。自分と豆太とを比べて、豆太が変容していく場面をていねいにとらえて読みます。

第7時

「モチモチの木」に灯がついたことについて考えよう

〈豆太は見た・後半〉

■モチモチの木に灯がついているのを見たときの状況を読み取る

いよいよ物語のクライマックスです。「豆太は見た」の、後半を各自、微音読します。

「場面の後半で何が起こりましたか」

・豆太が、モチモチの木に灯がついているのを見ました。

「モチモチの木に、灯がついている。」の一文を板書します。その後、どこで豆太は見たのか、そのときの状況を押さえていきます。

どんなとき

・月が出ている
・雪がふりはじめた
・小屋へ入るとき
・ねんねこの中から見た

■「モチモチの木に灯がついている」ことについて話し合う

ここでこの一文の音読のしかたを考えます。「あっさりと読む」「感動的に読む」の二通りがあります。違いを話し合うことで考えが広まり深まります。

あっさり読む理由

・じさまのことだけを心配していたから、それどころではない。「早く早く」と思っているから。
・不思議だなあと言う気持ち

感動的に読む理由

・びっくりしてすごいという気持ちで言った。
・じさまが話していた灯だ。うれしいな。
・ぼくも見たよ。勇気のある子どもかな。

主な言語活動

・音読のしかたのちがう理由を話し合って音読する。
・医者様の言ったことを話し合う。
・豆太の思いを書く。

・自分も見たいな、じさまもおとうも見たのだから見たいなと思っていたので、とてもうれしかったから。
・勇気のある子どもだけしか見られないと言っていたので感動したから。

大きな声ではなかったけれども、びっくり感動して言ったことがわかります。それは、医者様が、「あ、ほんとだ。まるで、灯がついたようだ。」と豆太の声を受け止めているからです。豆太の感動が、医者様の長い解説を引き出したと言う読みです。「あ、ほんとうだ。」と豆太の気持ちを受け止めながらも、灯がともるように見えた事象をきちんと説明する医者様らしい姿が垣間見えます。

■山の神様の祭りを見たのは誰か

医者様の言ったことを音読します。そして、

「医者は山の神様のお祭りを見たのでしょうか」

と聞き、考えさせます。「祭り」として、見ているか、見ていないか、どちらなのか。このことを話し合うことで、医者様の言葉の意味が読めてきます。

・「まるで、灯がついたようだ。」と言うのは、灯がついたように見えるけれど、実際には灯がついていないということです。

・「だども」は、けれどもということです。

本当は、枝の間に星が光っていて、そこに雪が降っているから明かりがついたように見えるだけだと説明しています。

・だから、医者様は「山の神様の祭り」を見ていない。

このような話し合いになるでしょう。医者様は、木の枝の向こうにただ星が光っているのを見ただけで、山の神様の「祭り」のようには思えないのです。

「では、山の神様の祭りを見たのはだれですか」

・豆太です。

・豆太、一人だけです。

ここで、子ども達は思い出します。

「一人の子どもしか、見ることはできねえ。」

じさまの話したことに気付き、豆太は勇気のある子どもだから山の神様の祭りが見られたのだと理解します。同じ事象を二人が見ているのですが、それを「山の神様の祭り」と見ることができたのは、豆太だけだと言うことです。医者様は見ることはできないのです。

これが、物語のしかけです。

■豆太はどうしてモチモチの木の灯を見に行かなかったのか考える

「豆太は、その後は知らない。と書いてあります。どうしてモチモチの木の灯を見に行かなかったのでしょう」

・医者様の手伝いをしていそがしかったから

・灯のことよりもじさまのことが心配だったから。

・じさまのことで頭がいっぱいだったから。

「あれほど見たいと言っていたのに、こんな豆太をどう思いますか」

・じさまのことが大切だから、灯のことを忘れていたのかもしれない。それでいいと思います。

・灯のことよりじさまを心配する豆太は、やさしい。そういう豆太が好きです。

このような話し合いをしてから、さらに自分はどう思うか、ノートに自分の考えを書きます。友達の考えを参考にしてさらに自分の考えをまとめていきます。

「モチモチの木に灯がっている」
「ほんとだ。まるで灯がついたようだ。」
だども

第8時・9時

見出しに注目して考えよう

〈弱虫でも、やさしけりゃ〉

■「弱虫でも、やさしけりゃ」に注目する

「弱虫でも、やさしけりゃ」を各自、微音読します。

「**この見出しはどんな感じがしますか**」

・途中で終わっている感じがする。

・何か言葉が続くような感じがする。

「では、どんな言葉が後に続くのか、今日はそれを考えながら読みましょう」

このように投げかけて学習します。

■じさまと豆太の位置や言葉を考えながらじさまの思いを話し合う

じさまが豆太に語っている話を各自で微音読します。

「**この中でじさまが一番言いたいことは何ですか**」

「人間、やさしささえあれば、やらなきゃならねえことは、きっとやるもんだ。」

まずこの言葉を押さえます。そして次のように聞きます。

「**この話をしたとき、じさまと豆太はどのように座っていると思いますか**」

二人はどう座っているか。実は人物の位置によって、この会話の持つ重要さが浮かんでくるからです。次のような意見が出るでしょう。

・じさまのひざに乗せて抱いています。「よくがんばった」と言って頭をなでてあげたいからです。

・向かい合っています。豆太の目を見て大事な話を話したいからです。

●じさまの言葉から考える

どちらの座り方なのかを話し合います。

主な言語活動

・じさまの語る姿を想像し、じさまの言葉について話し合う

・豆太に手紙を書く。

【板書例】

「人間、やさしささえあれば、やらなきゃならねえことは、きっとやるもんだ。」

・「おまえは」と二回も話しかけている。豆太の顔をしっかりと見つめながら言ったと思うから向かい合っている。

・「おまえ」と言っているから、豆太を今までのように普通の小さい子どもだとは思っていないので、だっこはしていない。

・「人間、やさしささえあれば」と、ここで話は豆太だけでなく、人間のことになっ

ています。大事なことを話すから、人間はと、言い方が変わったのです。だから、きちんと向かい合っていたと思います。

このような話し合いをすることによって、人は大事なことを言うとき、向かい合ったり目を見たり、言い方が変わったりすることに気付きます。こうして「人間、やさしささえあれば――」が大事な言葉であることをしっかりと確認します。これは、この話のテーマにつながる言葉であることを読んでいきます。次の問いにつなげます。

■じさまが伝えたいことは何か話し合う

「じさまはどんなことを豆太に伝えたいと思っていますか」

・やさしさがあればきっと大変なことでもやり遂げられる。

・人間、優しさがいちばん大事だ。豆太は優しい子どもだ。

・弱虫だと決めつけてはいけないよ。

じさまの言葉は、五歳の豆太にとって理解するのは、むずかしい内容だったかも知れません。しかし、「やさしささえあれば……」の言葉は豆太の心に、じさまの声として残った。そう読むことができるでしょう。じさまとの関係の中で心に残るのです。もう一つ、これは作者の読み手へのメッセージでもあるのです。これは後で話し合います。

■それでもしょんべんにじさまを起こした豆太について話し合う

末尾の三行を音読した後で、自由に話し合いをします。

○じさまの気持ちに関する感想

・また元にもどってしまったけれども、じさまは、おくびょうな豆太でこまったとは思っていない。

・起こされたも豆太をかわいいと思っている。

○豆太に関する感想

・じさまが元気になったから安心してあまえている。

・一回勇気が出たからがんばる力はついたと少し自信がついたけど、やっぱりまだ夜はこわいと思っている。

○末尾の表現についての感想

・「起こしたとさ」という終わり方がいい。

・始めに「どうして豆太だけが、こんなにおくびょうなんだろうか」と心配していたけれど、「やれやれ少しは安心したな。でも、まだまだじさまがいなければだめなんだ」と言う感じがする。

■「やさしささえあれば」について話し合う

人から優しくしてもらった経験はだれもがもっています。その経験を出し合うことで「優しさ」について、再度考えます。

「今まで人から優しくしてもらったことがありますか」

・忘れものをしたとき、友達が貸してくれました。

・休んだ次の日に「大丈夫」と声をかけてくれました。

・雨が降ったとき、傘に入れてくれました。

人と人とのつながりに優しさがあることを押さえます。

「じさまが言っている『人間、やさしささえあれば』の『やさしさ』とはどんなことだと思いますか」

この問いで作者から読者へのメッセージを考えます。

・人が困っていたら、怖くても助けられること。
・いざというときに勇気を出せること。
・自分のことより人のことを考えられること。
・人のためにがんばれること。
・欠点や弱点があってもいい。どこかにやさしさがあればいい。

「やさしささえあれば」は、だめなところがあったって、いいんだよ、という意味で押さえたいものです。否定的に言われがちな子への応援歌として受け止めたいものです。

■豆太に手紙を書く

話し合った後で学習のまとめとして豆太に手紙を書きます。この物語を学習して感じ取ったことや考えたことを「豆太への手紙」としてまとめます。感じ取ったことや考えたことを自分の言葉で文章に書き表すことが必要です。

【ノート】

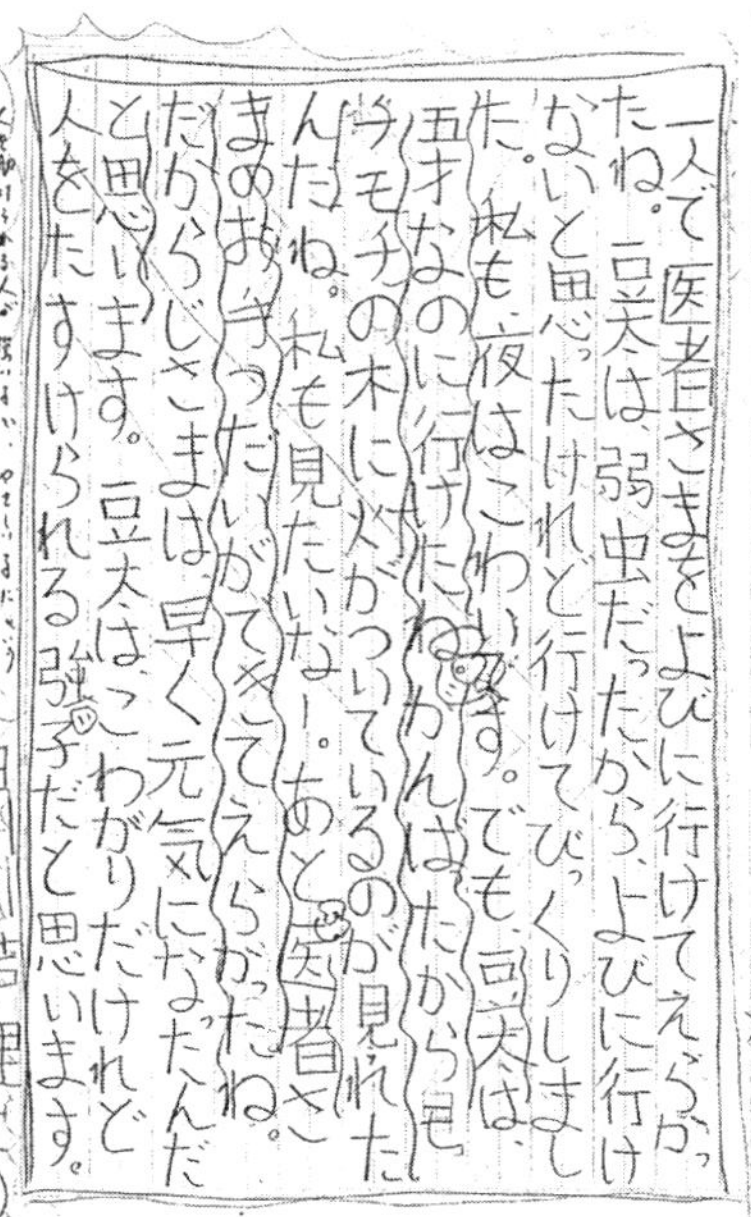

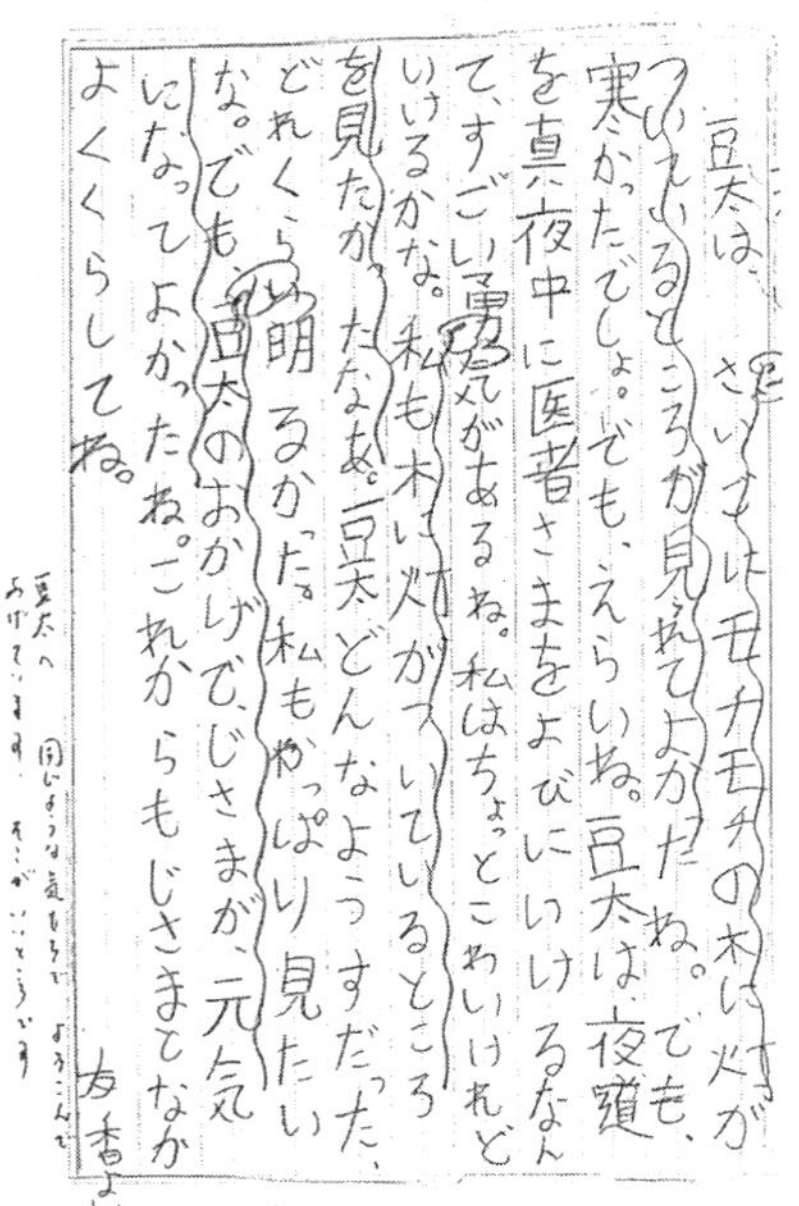

第10時～12時

音読発表会をしよう

主な言語活動

・音読発表会の招待状を書く。
・音読発表会をする。
・メッセージカードによかったところを書く。

■計画を立てる

これまで、登場人物の豆太やじさまの気持ちを中心に考えて、どのように音読するとよいのか工夫してきています。その集大成として、音読発表会をします。

計画を立てるときに、①から⑦について、学級会などで話し合って決めます。

①何の目的で

②だれに聞いてもらうのか

一年生や二年生に聞いてもらえるとはりきってやることでしょう。また、保護者を招待してもよいのではないでしょうか。

学校によっては、校長先生や専科の先生、主事さんをお呼びすることも考えられます。地域の方々に披露できる機会があれば最高です。

③いつ

④どこで

⑤どのようなやりかたで

役割りを決めて読むか、段落を決めて読むか、グループで読むか、学級全体で読むかなどを決めます。

⑥練習のしかた

いつ、どこで、どのように練習するかを決めます。

⑦係

司会・プログラム係や招待状を準備する係、飾りつけ係、会場を作る係、練習係、お誘い係などを決めると、子どもたちが主体的にかかわることができます。

■招待状を書く

聞いてもらう人たちに向けて、招待状を書いて出します。

「**招待状に書かなくてはいけないことは何でしょうか**」

・何をするかです。
・いつするのかも大事です。
・場所です。
・「こんな楽しいことをするから来てください」というような、お誘いの言葉が必要です。

話し合いで決まったことをもとに招待状を書きます。

【招待状例】

（表）

○○さんへ
しょうたいじょう

3年　組　名前

（裏）

おさそいの言葉

1．日時

2．場所

3．プログラム

■音読発表会の練習をする

計画が決まったら、音読の練習をします。ここでは役割読みの練習の進め方を紹介します。

　はじめに役割を決めます。たとえば、一グループ七人の場合、場面ごとの語り手五人、豆太一人、じさま一人、医者様は語り手が兼ねてもよいでしょう。学級の実態に合わせて、役割を決めます。

　次にどのように読むか考えながら、一人ひとりで練習をします。

○読む速さ――ゆっくり読む、速く読む
○声の大きさ――大きな声で、小さな声で
○声の質――高い声で、やわらかい声で
○言葉の抑揚、強弱をどうするか
○間の取り方――一拍、二拍、もっと長く
○どのような気持ちを込めて読むか
○読むときの表情――どんな顔をして

　本文に読み方を書き込みながら、何回も声を出して練習します。学級で読み方を表す共通の記号を決めておくとよいでしょう。

　空き教室があればグループごとに練習ができます。話し合って決めた練習のしかたで自主的に子どもどうしで練習を進めます。互いが聞き合って、読み方のよいところ、もっと改善したほうがよいところなどを出します。

・「やい、木ぃ」は木が高いからもっと上を向いて、「やい」と大きな声で、いばって読むとよいと思います。
・「木ぃ」の「ぃ」はもっとのばして甘えているように読むとよいと思います。
・「実ぃ落とせ。」は上手です。

　アドバイスされたことをもとにし、また、新たに気付いたことを参考にしながら、各自で練習を繰り返します。

■リハーサルをする

　本番をやる場所を想定して、グループで練習します。ここでは、立つ位置や場所の広さに見合った声の大きさ、係分担、挨拶のしかたを確認します。

　そして、いよいよ学級全体のリハーサルです。本番通りに進行してみます。

　会話文の読み方や語り手らしい読み方かどうか、読むときの視線の向け方、間の取り方など、最終調整をします。

気がついたことを話し合って、できる限りよりよいものに仕上げていきます。

■音読発表会をする

リハーサルが終わったら、いよいよ本番です。

音読発表会では聞き方も大事にします。「自分とちがう読み方をするかな」「友達はどのような読み方をするかな」「工夫して読んでいるところはどこかな」「上手な読み方はどこかな」「よかったところはどこかな」など、温かい気持ちで聞きます。

聞き方カードを印刷して、一人ひとりが持ちます。

音読発表会の後で聞き方カードをもとにしてメッセージカードを書き、友達に渡します。同じ場面を読む子ども同士がカードを交換するなど、あらかじめだれに渡すか決めておくとよいでしょう。

【聞き方カード】

名前	役割	良かったところ	工夫しているところ

【メッセージカード例】

すず木たくやさんへ

「医者様をよばなくっちゃ。」の読み方を、わたしは小さい声であわてた感じで読んだのですが、すず木さんは、大きい声で読みました。びっくりして大変だと思ったから、大きい声が出たのですね。そういう読み方もあると気付きました。

第13時〜15時

斎藤隆介さんの作品を読んで紹介しよう

主な言語活動

・斎藤隆介の作品を読む。
・自分が選んだ方法で作品を紹介する。

■作品を読む

斎藤隆介さんは、たくさんの作品を書いています。作品を読んで、紹介したい作品を選びます。主な作品には、次のようなものがあります。

『八郎』『三コ』（以上、福音館書店）、『花さき山』（岩崎書店）、『ベロ出しチョンマ』（理論社）、『でえたらぼう』（創風社）

■紹介のしかたを決める

作品を選んだら、その作品にふさわしいと思う紹介のしかたを決めます。

紹介のしかたはいろいろありますが、①から⑥の中から選ばせるとよいでしょう。

①紹介カード（八つ切りの画用紙一枚）

本の題名	名前
物語の絵	登場人物の紹介
おすすめの言葉	物語のあらすじ

②本の帯『花さき山』【例】

待ちに待った斎藤隆介の新作！	やさしいことをすれば花が咲く	斎藤隆介の心からのメッセージ この花は、ふもとの村の人間が、やさしいことを一つすると一つ咲く。あや、おまえの足元に咲いている花、それはお前がきんの咲かせた花だ。 （絵）
作品の目次などを紹介します	一番目立つ場所なので、物語の主題や読んでほしいことをひとことで書く。	紹介したい本文を一部引用します（絵も描きましょう）。

③読み聞かせ

なぜ本を選んだか簡単に話してから読みます。

・わたしは、『半日村』の本を読みます。主人公のしたことが心に強く残り、いい本だと思ったので読みます。

小さい学年の子どもへの読み方、同じ学級の子どもへの読み方など、読む相手によって読み方を工夫します。

④ポスター

紹介する本の書名を書きます。

本の好きな場面を絵に描きます。

キャッチコピーを考えて書き入れます。

⑤ストーリーを簡単に紹介

登場人物を紹介し、いつごろの話で、どんなできごとが起きるのかを簡単に話します。

なぜ紹介したいのか一言感想を加えます。

⑥何冊かを関連付けて紹介

ストーリーテーリング的な紹介

・優しさをテーマにした本を紹介します。

『花咲き山』はあやのがまんする優しさ、『ベロ出しチョンマ』は村人の生きるために戦う優しさ、『八郎』『三コ』は貧しい村人のために命を懸ける優しさをテーマにしています。

この紹介のしかたはむずかしいと思われますが、挑戦させたい方法です。

【音読カードの見本】（教科書の挿絵をコピーして音読カードに貼ります）

モチモチの木　　3年　組

音読するときのめあて

① 漢字が全部読める。つかえないで読める。
② 「　」の読み方をくふうして読む。
③ じょうけいを考えて読む。
④ 読む速さを考えて読む。
・速いテンポで読むところ。　・間を考えて読むところ。
⑤ 声の高さを考えて読む。
・大きく高い声で読むところ。　・低い声で読むところ。
⑥ 文末の読み方を考えて読む。
・最後まで同じ大きさ、強さで読むところ。　・だんだん小さく読むところ。
・にこにこと明るく読むところ。
⑦ 友だちや家族に話しかけるように読む。

回	月／日	めあて	◎ ○ △ ×	家の人から
1				
2				
3				
4				
5				
6				
7				
8				
9				
10				
11				
12				
13				
14				
15				

※この音読カードは、平成二一年三月に東京都杉並区立杉並第七小学校で実際に使用したものです。（林　真由美）

II

説明文　たしかな読みを

1　問題解決の方法のおもしろさを中心に言葉と事実を結ぶ付けて読む

「ありの行列」

課題に沿って実験の方法を絵などで再現し、文章の組み立てをつかみ、段落の内容を押さえながら読み取る力をつける

大滝哲也（光村図書・三年上）

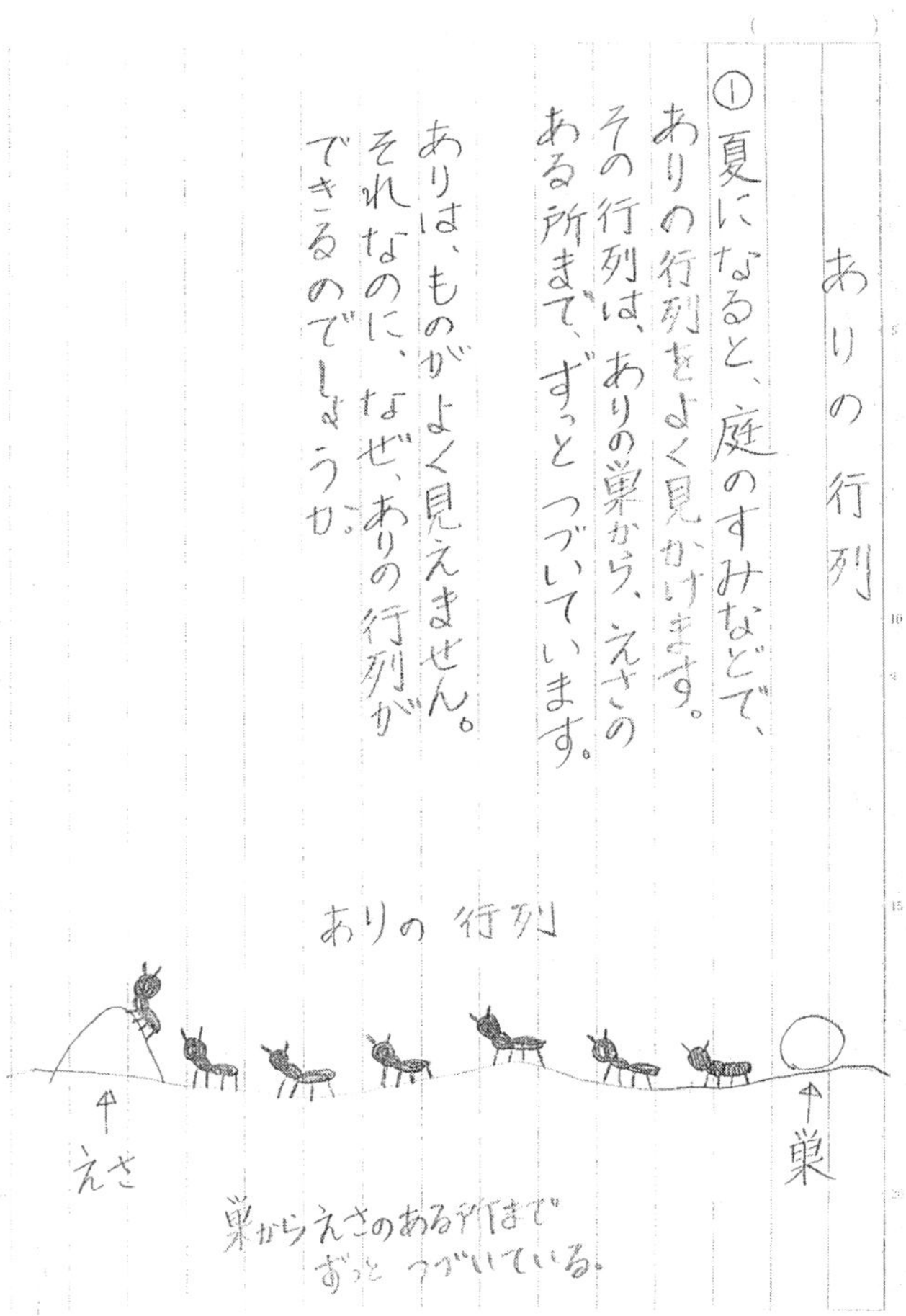
ありの行列
①夏になると、庭のすみなどで、ありの行列をよく見かけます。その行列は、ありの巣から、えさのある所まで、ずっとつづいています。
ありは、ものがよく見えません。それなのに、なぜ、ありの行列ができるのでしょうか。
ありの 行列
えさ
巣
巣からえさのある所まで ずっと つづいている。

ねらいと学習の重点

はじめに「ありの行列がなぜできるのか」という問題が提起されています。その課題にそって実験の方法を絵で再現したり動作化したりしながら読み進めます。また、どのように課題が発展し、課題が解決されていくのかを「はじめに・やがて・すると」などの接続語に注意して読み取っていきます。論理の展開と問題（問いの文）にそって読む力を育てていくのです。

「ありの行列」は、「はじめ」「中」「おわり」の三部構成で書かれています。文章の組み立てを考えて段落ごとに読んでいくことが大切です。全体を三つに分けて、文の構成表にまとめることを初めて学習します。

毎時間の授業においては段落ごとにまとめて読むことが中心になります。その際、文と文の関係を考えたり中心的な文を見つけたりすることが大切になります。それらを通して問題解決のための方法と結果とその考察を押さえます。

ありが行列を作る謎を解いていく過程で、今まで知らなかったことを初めて知って驚いたり感心したり不思議に思ったりします。そういった、知的感動を味合わせたいものです。

■指導計画〈8時間〉「ありの行列」

時	学習内容	学習活動
1	全文を読み、大体の内容をつかもう	・題名やリード文からありの行列について書かれていることを知る。 ・ありについて知っていることを話し合う。 ・全文を読んで感想を書き、感想を交流する。
2	中心の文（問いの文）を見つけよう	・段落について知り、段落に番号を付けながら音読する。 ・第一段落から「問い」の文を見つける。 ・「問い」に対する「答え」を求めて本文を読み取っていくという学習の見通しを明確にする。 ・文末表現の違いとそのわけを考える。
3	ウイルソンのはじめの実験・観察を読み取ろう	・第二・三段落を音読する。 ・どんな実験をし、何を観察したのかを読み取る。 ・実験の様子を絵に表す。 ・ウイルソンは観察して何を不思議に思ったのかを読み取る。
4	ウイルソンの二回目の実験・観察を読み取ろう	・第四段落を音読する。 ・どんな実験をし、何を観察したのかを読み取る。 ・実験の様子を絵に表す。 ・ウイルソンが観察して分かったことを読み取る。
5	ウイルソンが研究して分かったことを読み取ろう	・第五・六・七・八・九段落を音読する。 ・前段落との関係をつかむ。 ・ウイルソンが観察の結果から考えたこと、研究したことをまとめる。 ・ありの行列ができるわけを書く。
6	文章の構成を理解しよう	・全体を三つに分け、文の構成表にまとめる。 ・接続語の役割について考え、第九段落が「まとめ・答え」の文であることを理解する。 ・段落の要点をまとめる。
7	ありの行列ができるわけを説明しよう	・自分なりの理解の仕方でリライト（言い換え）して文章を書く。 ・書いた文章を友達に紹介し、交流する。

授業展開

第1時 全文を読み、大体の内容をつかもう

■学習への意欲を高める

生き物が好きな児童の中には、ありについての知識が豊富な子どももいます。知っていることをたくさん話してもらいましょう。また、ありが行列を作って歩いている光景を見たことがある子どもも多いことでしょう。どこでどんな様子を見たのか、それぞれの体験を話し合うことで本教材への学習意欲を高めるようにします。

■ありについて知っていることを話し合う

「ありについて知っていることを発表しましょう」「**ありが行列を作って歩いていたのを見たことはありますか**」と問いかけ、自由に見たことや知っていることを交流させます。

・ありは甘いものが好きです。
・ありは家族で暮らしている。
・ありには女王ありと、働きありがいる。
・ありって空を飛ぶときもあるって本で読んだことがあるけど本当ですか。

■話の大体の内容をつかむ

「『あり』について知っていることをたくさん話ができました。『ありの行列』を読みますので、みなさんは分からない言葉に線を引きながら聞きましょう」

範読後、自分で音読し、意味の分からない言葉があったら発表し、分かる子どもに説明をさせます。

次に全文を何度か音読します。音読後に、次のようなやり取りを通して大体の内容をつかませます。

主な言語活動

・全文を読みおおよそをつかんで感想を書く。

「**何のことについて書いてありますか**」

・ありの行列のことです。
・ウイルソンという学者がありの行列のことを調べた話です。
・ウイルソンさんが砂糖を置いたり石を置いたりして、ありの行列ができるわけを実験で調べた話です。

■心に強く感じたこと中心に感想を書く

「初めて知ったこと・驚いたこと・よく分からなかったこと・もっと知りたいことなど感想を書きましょう」

このように自分が一番興味をもったこと、考えたことなどを自由に書かせます。その子どもの強い興味・関心を生かして授業をすすめます。また、その感想を発表し合いながら学習の課題をつかむようにしていきます。

第2時

中心の文（問いの文）を見つけよう〈第一段落〉

■文章と段落について知る

最初に、文章のまとまり（構成）をつかませるために段落ごとに番号を付けます。段落に番号を付けながら最後まで音読します。段落ごとに順番に読ませるとよいでしょう。

■第一段落を読み、文がいくつかを話し合う

問題提起の大切な段落なので全文をていねいにノートに視写します。次に、中心文を押さえるために文の数を問います。

「この段落に文はいくつありますか」

・四つです。

「。」（句点）が四つあることから第一段落は四つの文で構成されていることを押さえます。

今後も同じようにします。

■題名や文末表現に注目しながら中心の文を見つける

ここではまず、一文ずつ、どんなことが書いてあるのかを聞きます。

「一番目の文はどんなことが書いてありますか」

・夏になると・・・アリの行列をよく見かけるということ。

このようなやりとりで四つの文を読み取っていきます。たくさんの子どもが発表できるでしょう。その後でこう聞きます。

「この四つの文の中で、一番大切な文はどの文ですか。またその理由も考えましょう」

・四番目の文が大切だと思います。なぜかと言うと、題名の「ありの行列」という言葉がこの文にあるからです。

・四番目の文はみんな（読者）に質問している「問いの文」だから一番大切だと思います。

その中で次のように発言する子どもも出てきます。

・一から三番目までの文は事実を述べているだけだから大切な文とは言えないです。最後の文が言いたいから書いたのだと思います。だから大切なのは四番目の文です。

・文末が「……か。」となっているので大切なのは四番目の文です。

どれもよい考えであると認めましょう。このようにしてこの段落の中心の文は「問いの文」であることを押さえ、「**なぜありの行列が**

主な言語活動

・段落がどのように構成されているかをつかませるために第一段落を視写する。
・一つの段落の中から中心の文を見つける。

できるのでしょうか」と、ノートに書きます。

■第一段落の役割を考える

「第一段落は文章全体の中でどのような役割をしていますか」

・一番はじめの段落です。

・読んでいるみんなに考えて欲しいことを問いかけている段落です。

・問いの文がある大事な段落です。

この説明文はこの「問いの文」に沿って話が展開していくことを押さえます。

「問題を出している段落」と板書してノートにも書かせます。

■動作化でしっかり押さえる

「どのような問題を出していますか。もう一度読みましょう」

「何が不思議なのですか」

・ありはものがよく見えない。それなのに（見えないのに）行列ができることが不思議です。

「目が見えないと行列はできませんか。皆さんが『前へならえ』と言って整列できるのは目が見えるからですね。目が見えなかったら一列に並べますか」

・前の人が見えないと並べない。

・誰の後ろか分からないからぐちゃぐちゃになってしまう。

「では、一班の六人に前に出てもらい、目をつぶって一列になって歩けるかやってもらいましょう」

こうしてうまくできないことを実感して「それなのになぜ、ありは行列を作ることができるのか」という文につなげていきます。

◇大事なところは書き抜く

問いの文や実験の方法、実験や研究の結果、問いに対する答えの文なども、大事な文はそのまま書き抜いてその中心を押さえます。（板書参照）

【板書例】

ありの行列

はじめの段落（＝問題を出している段落）

①夏になると、庭のすみなどで、ありの行列をよく見かけます。

②その行列は、ありの巣から、えさのある所まで、ずっとつづいています。

③ありはものがよく見えません。

④**それなのに、なぜ、ありの行列ができるのでしょうか。**（問い）

中心の文（＝問いの形）

・**題名**に関係がある→**ありの行列**

・**文末表現→でしょうか**

なぜ…でしょうか→問いの文（それなのに＝ありはものがよく見えないのに）

第3時 ウイルソンのはじめの実験・観察を読み取ろう〈第二・三段落〉

■問題提起を押さえて読み進める

「ありの行列では何が課題ですか」として前時を振り返り発表させせます。

なぜありの行列ができるのか

（これはカードに書いておき、毎時間黒板に貼るようにします。）

その後で本文、第二・三段落を音読します。

●ウイルソンの実験を一文に表す

第二段落には二つの文があることを確認した後で「これを一つの文にしましょう。」として誰が何をしたという文で発表させます。

ウイルソンが実験してありの様子を観察した。

●接続語に着目してどのような実験・観察をしたのか読み取る

「どのような実験・観察をしたのかノートに書き出しましょう」

はじめに：ウイルソンが砂糖をおいた。

しばらくすると：ありが、砂糖をみつけた。

やがて：（はたらきありは）巣に帰ってきた。

すると：たくさんのはたらきありがつぎつぎと出てきた。

そして：ありが列を作って、砂糖のところまで行った。

このように接続を表す語・文の書き出しの部分を黒板に書き、子どもは、黒板の接続語を書いてからその続きを書くようにするとよいでしょう。

●絵に描いて確かめる

はじめにウイルソンは何をしたのかを発表してから、その様子を絵で描きます。

・ありの巣から離れた所に一つまみの砂糖を置いた。

描き終わったら、黒板に出てその様子を描いてもらいます。（マグネット付きのありの絵を何匹か用意しておくとよいでしょう。）

●道すじを絵カードを操作して確かめる

「えさを見つけたはたらきありが帰っていった。」は、黒板の絵カードを使ってありを動かしてもらいます。

そして、ありたちが帰る様子・行列ができる様子もカードで動かしてもらいます。

見ている子どもから「どうして。」「そこ、違うよ。」という声が出ます。「どうして。」と聞くと「前の○○さんがやった時と帰った道筋がちがうもの。」「ありたちは、同じ所を通るんだよ。」

主な言語活動

・接続語に注意して順所よく読み取る。
・叙述に即して絵に描き、黒板でありの絵を操作して確かめながら読み取る。
・言葉を分かりやすく言い換えて自分なりの理解をする。

ここで段落の最後の文「ふしぎなことに、その行列は、はじめのありが巣に帰るときに通った道すじから、外れていないのです。」を読ませます。その後、もう一度はじめのありが帰る様子やたくさんのありが行列を作る様子を絵カードを操作して、再演させてもよいでしょう。

●黒板でのやりとりを手がかりに、教科書の叙述に即してノートにありの行列の様子を描く。

見せ合い、発表します。そして絵に大切な言葉を記入していきます。

・「道すじ」……どれかなといって聞きながら絵に書き込ませます。

・「ありの行列」……絵の横に言葉でも書かせます。

●言い換えてまとめの文を書くことで理解を確かなものにする

「この実験・観察で分かったことは何ですか」

・ありの行列ははじめのありが帰った道すじから外れていない。

「このことを分かりやすく言い換えてノートに書きましょう」

・はじめのありが帰った道と同じ所を通って砂糖の所へ行きます。

・前と同じ道すじを通って行きます。

・行列ははじめのありが巣に帰ったときと同じ道すじをたどるのです。

などのように、もとの否定形の文を肯定表現で言い換えさせることができるとよいでしょう。自分なりの理解が大事なのです。

●新しい疑問について話し合う

「帰ったありと同じ道を通って行くのが分かって、ウイルソンはどう思ったのでしょう」

・不思議に思いました。

「何が不思議なのですか。」

・どうして前のありが通ったところが分かるのか不思議に思いました。

・なぜ前のありが通った通ったところを通るのか不思議に思いました。

「これが次のウイルソンの実験につながっていくのですね」

●文章の組み立てを確認する。

「では三段落を次のように教科書に線を引きながら読みましょう」

・ウイルソンの実験・観察（したこと・見たこと）…傍線

・ウイルソンがわかったこと…波線

・新しい疑問…点線

こうしてこの説明文では、実験・観察、考察・疑問・課題が分けて記述されていること、さらにそれらがつながりあって表現されていることに気付かせます。次時からはこの考え方を使って文章を読んでいくことになります。

【板書】

なぜありの行列ができるのか

ウイルソンの実験・観察

・はじめに…

・しばらくすると…

・やがて…

・すると…

・そして…

⇔

分かったこと

帰ったありの道すじにそって行列ができる。

新しいぎ問・・・ふしぎなこと

なぜ同じ道を通るのだろう。

どうして道が分かるのだろう。

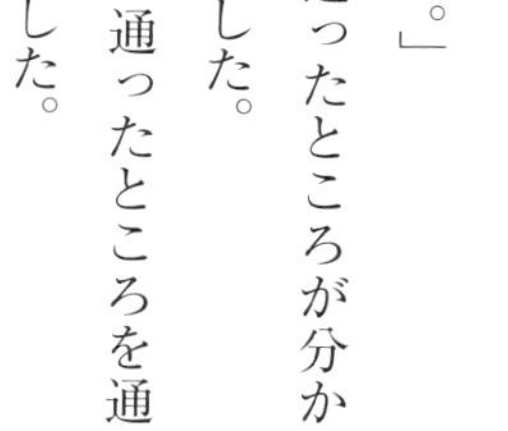

第4時 ウイルソンの二回目の実験・観察を読み取ろう 〈第四段落〉

■前時とのかかわりをつかむ

音読の後で前時までのかかわりを押さえます。前段落ではどんな実験だったのかを振り返ります。そして新たな疑問について確認します。本段落は「次に」という言葉で始まっていることを押さえた上で、二つ目の実験であることを読み取ります。

■ウイルソンの実験の意図について話し合う

「不思議に思ったウイルソンはどんな実験をしましたか」

・道すじに大きな石を置いてありの行く手をさえぎった。

発表の後で絵を描きます。道すじをさえぎることを絵と言葉で理解します。「さえぎってみました」から、これが実験であることも確認しましょう。

●書いていないことを補って読む

「ウイルソンは何を調べるために石を置いたのですか。ノートに書いてみましょう」

本文には「さえぎってみました」とあるだけです。ウイルソンの意図はこれまでの実験・観察の結果と結び付いています。その意図が文としては書かれていません。ここでは、それを補って読み取ることが求められるのです。

・石を置いてじゃまをしても道ができるか。
・石でさえぎると行列はどうなるのか。
・そうするとありはどうするか。

主な言語活動

・実験の意図を読み取り自分の言葉で要点を書く。
・様子を絵や図に描き、言葉に即して読み取る。

■ありの行列がもとどおりになるまでを読み取る

「石でさえぎるとありたちはどうなりましたか。分かるところに線を引きましょう」

・石のところで行列がみだれる。
・一ぴきのありがようやく道の続きを見つける。
・他のありたちも道を見つけて、だんだん行列になる。

■ありの絵を動かして確かなものにする

「石でさえぎって実験したときのありの様子を絵で描きましょう」

・石の所でちりぢりになった。（ノート①）

ここでは、乱れてちりぢりになったありの様子をありの絵（マグネット付き）を使って黒

板上で操作させます。（操作①）

・ちりぢりっていうのはばらばらになることだから、もっとありが離れ離れになったと思う。

・もっと道すじから離れてしまったんじゃないかな。

などと、黒板で友達が動かすありの絵を見ながら意見を言うでしょう。

一ぴきのありが、石の向こうがわに道のつづきを見つけました。同様に話しながら、ありの絵を動かし説明させます。（操作②）

・ほかのありも一ぴき二ひきと道すじを発見しました。

・一ぴき二ひきとだからだんだん行列になっていった。

同様に絵カードを動かします。（操作③）このようにノートをもとに黒板でありの絵カードを動かしながら自分の考えを実演し交流します。言葉に合わせてありを動かすのです。

■分かったことをリライトする

四段落にまとめの文がありません。そこで要点を自分の言葉で書きます。

絵に描き、言葉でも押さえた後で次のようにききます。

「この段落にまとめの文はありますか」

・ありません。書かれているのはありの様子だけです。

・したこと、見たことの文です。

・文末が全部「……ました」となっています。

文末に注目させることで「したこと・できごと」の文であることが分かります。

「ありの様子が書かれていますね。このありの様子からどんなことが分かったのでしょうか」

板書を示しながら分かったことをノートに書かせるようにします。

「この実験を通してどのようなことが分かったかまとめの文を書きましょう」

> ありは、石をおいて行く手をさぎっても行列を作る。

【板書例】

ウイルソンの二回目の実験・観察

ありのいく手を石でさえぎってみるとどうなるか

・石をおいた

←

・ちりぢりになった

←

・一ぴきだけ石の向こうに道をみつけた

←

・また、行列ができた

分かったこと

・ありは、石を道すじに置いて行く手をさえぎっても、行列を作る

・はじめは、ちりぢりになったけれどもとの道すじにまた行列ができる。

新しい疑問

・どうしてさえぎっても道すじがわかるのかな。

第5時　研究して分かったことを読み取ろう

〈第五～第九段落〉

■前段落との関係をつかむ

本文を音読してから聞きます。

「これらは何のことですか」

・「これら」だからすぐ前のことです。

・「これらのかんさつから」だから一つのことではなく、二つの観察のことです。

> これらのかんさつとは
> ①はなれたところに砂糖をおいても行列ができること。
> ②石で道をさえぎっても行列ができること。

指示語である「これらのかんさつ」の意味を考え、何を指しているのかをきちんと押さえます。

■ウイルソンが観察の結果から考えたことを書く

「ウイルソンは二つの観察の結果からどのような考えをもちましたか。書きましょう」

> はたらきありが、地面に何か道しるべになるものをつけておいたのではないか。
> ⇦
> はたらきありの体のしくみを研究する。

右の図のように←を使って簡単に図式化するだけで思考の流れが分かりやすくなります。説明的な文章では図に描くことが思考を助けることがあります。

> **主な言語活動**
> ・研究して分かったことにサイドラインを引き、まとめて書く。
> ・ありの行列ができるわけを書く。

■ウイルソンが研究して分かったことにサイドラインを引き、まとめて書く

「体の仕組みの研究でどのようなことが分かりましたか。分かったことが書かれているところにサイドラインを引きましょう」

・おしりのところからとくべつのえきを出す

・においのある、じょうはつしやすいえき

文を書く前に、重要な言葉や文にサイドラインを引きます。この作業は、段落の要点をつかむためにも必要ですからていねいに扱います。文全体に引いてしまうことが多いので、引いたらどこに引いたかをきちんと確かめます。

重要な言葉にサイドラインを引いたわけですからそれらを使ってまとめていきます。

「六段落を短くまとめた文を書きましょう」

ウイルソンはありの体の仕組みを研究して、ありがおしりからにおいのある、じょうはつしやすいえきを出すことがわかった。

■道しるべとは何のためにあるのか、どんな物で伝えるのかについて人間と比較して考える

「私たち人間の道しるべは何のためにありますか」

・道に迷わないように目で見て分かるようにするためです。

・人に聞かなくても見るだけで自分で分かるようするためです。

「ありにとって道しるべは何のためにありますか」

・えさの場所が他のありにも分かるようにするためです。

・巣に迷わないで帰るためです。

☆人間の場合――見て分かる

☆ありの場合――においで分かる

■ありの行列ができるわけを説明する文章を書く

八・九段落を音読してから、「行列ができるわけ」を押さえます。

「では、ありの行列がどうしてできるのかをノートに文でまとめてみましょう」

そして、次の例のように、まとめ方を選んでノートに書かせます。

①【ありの行列ができるわけを文でまとめる】

> はたらきありは、においのするえきを地面につけながら帰るのでほかのはたらきありたちは、このえきのにおいにそって歩きます。帰るときは、えきを地面につけながら歩きます。
> このように、においをたどってえさの所へ行ったり、巣に帰ったりするので、ありの行列ができるのです。

②【ありの行列ができるわけを本文から視写してまとめる】

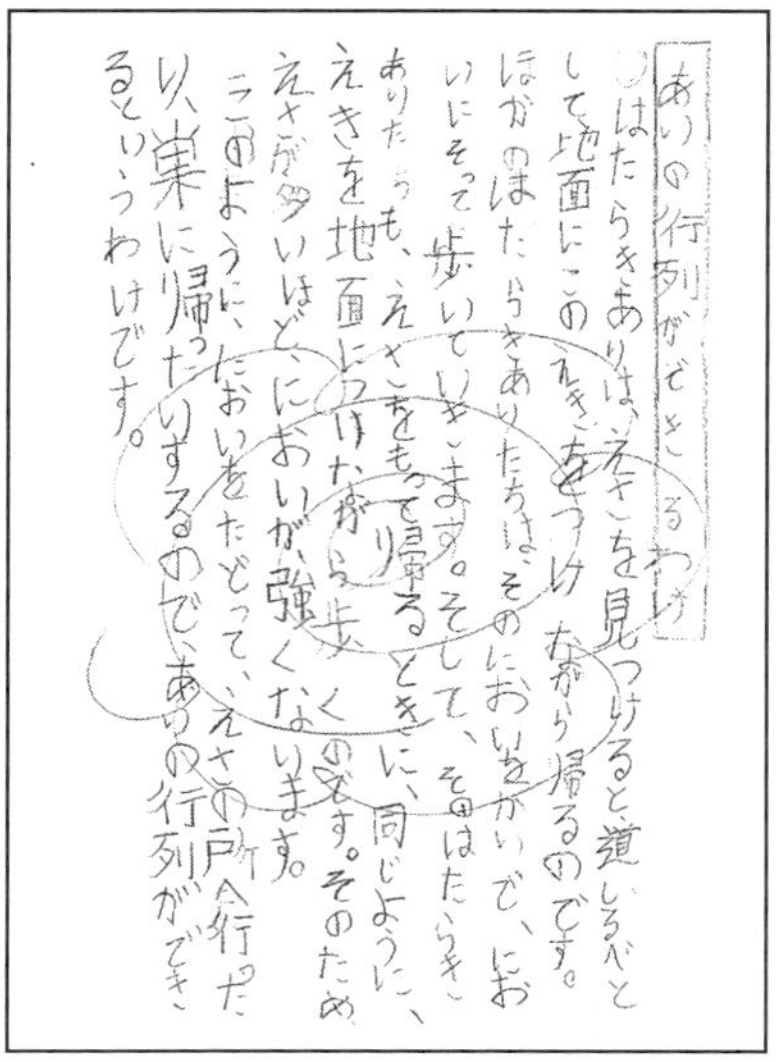

③【ウイルソンになって実験が終わったときの感想を書いてまとめる】

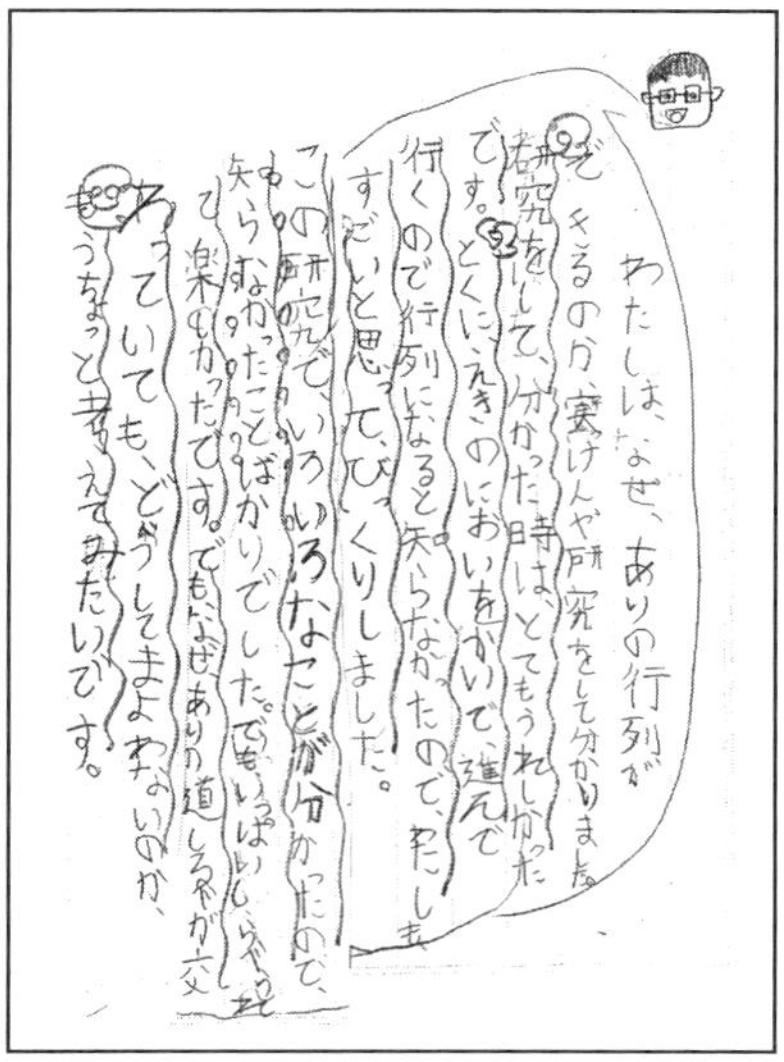

第6時

文の構成を理解しよう

主な言語活動

・はじめ・中・終わりに注目して、文章の構成を理解する。
・接続語や文末表現に注目して段落の要点をつかんで書く。

■全体を三つに分け「はじめ」と「終わり」を見つける

「この文章はいくつの段落がありますか」

・九つです。

「九つの段落を『はじめ・中・終わり』の三つに分けましょう」

「全文を読んで『はじめ』はどの段落か見つけてください」

三年生のこの段階では見つけやすいことから聞いていきます。読み終わった子どもたちは第一段落と答えるでしょう。

「『はじめ』は何の役割をしていますか」

・「問い」の文で、どうしてありの行列ができるかという問題です。

・問題提起です。

「『終わり』は何の役割をしていますか」

・文章のまとめです。

・「問い」に対する「答え」が書かれています。

このように役割と内容で押さえていきます。

「では、『終わり』は文章のまとめが書かれているところですね。どこですか」

・七、八、九段落です。ここには、どうして行列ができるかが書かれています。

・八、九段落です。問いの答えがはっきり書いてあります。

・九段落です。『このように』と言う言葉できちんとまとめています。

ここは意見が分かれるところでしょう。もう一度くわしく文を読んでいきます。

六段落：「研究しました。」

○おしりのところからとくべつえき

○においのある、じょうはつしやすいえき

七段落：「この研究から、ありの行列のできるわけを知ることができました。」

ですから、個別的なことだと言えます。

八段落：「このえきをつけながら」「そのにおいをかいで」の「このえき」「そのにおい」の指示語が指すことは六段落に書かれています。

六段落にある「研究して分かったこと」を八段落でていねいに説明しているのです。

九段落が、筆者の「文章の全体のまとめ」になっています。「このように」という接続語があるからです。「このように」の接続語は、文章全体をまとめる役割があることを知らせ、九段落は、「このように」と言う言葉でまとめているので、「終わり」の文は第九段落であることを押さえます。

※『すがたをかえる大豆』（下巻）も「このように」で文章をまとめています。

■役割・内容を考えながら中を見つける

「『中』に何が書いてありますか」として、まず内容を押さえます。

・ウイルソンの実験と研究です。

「そうですね。実験と研究が『中』ですね。それはどこからどこまでですか」

こうして「実験・研究」を手がかりにして中に入る段落を見つけていきます。

・第二段落から第四段落までが実験と観察で第五段落から第八段落は研究についてです。

ここで文末に気付かせます。二段落から八段落までの文末は、「〜しました。」が多くなっています。これは、観察・実験・研究をしたことを表しています。

そして、その中に、「〜です。」「〜ます。」の文末表現があります。ここが説明の部分です。説明の部分を見つけていくと、筆者の考えが分かるのです。

■文の組み立てについて知り、構成表にまとめる

はじめ……	問題提起（問い）
中…………	解決のための実験・研究
おわり……	まとめ

このように文章を大きく三つに分けます。

そこで、次のような構成表を配ります。それを見ながら大きく三つにまとめたことを確認します。

これを組み立て（表）と言います。文章にも家を建てる時と同じように組み立てがあるのです。

■中心となる文や言葉を見つけて段落の要点をまとめる

三年生のこの段階で、全ての段落の「要点まとめ」はかなりの負担です。そこで、手始めに一部のみの要点をまとめることを通して要点のまとめ方の初歩を学ぶことにします。

構成表では、第二段落だけをブランクにしました。第二段落は二文です。

「アメリカにウイルソンという学者がいます。この人は、次のような実験をして、ありの様子を観察しました。」

これを一文でまとめるのです。

ここをノートに視写させ、板書した後にこう尋ねます。

「どちらの文が大切ですか。」

・実験をしたという方です。

・作者は人の名前を教えたいのではなくありの行列のことを教えたいのです。

「では、後の文をそのまま、まとめとしてよいですか」

・「この人は」では分からないからこのままではだめです。

・「次のような」もいりません。

「そうですね。では「この人の」ところはどうしたらよいですか」

このようなやりとりをして、前の文のウイルソンを使うことに気付かせます。

構成表の（　）の欄にこう書きこみます。
（ウイルソンという学者が実験と観察した。）
本文は敬体になっていますが、ここは短く常体でまとめを書くようにします。

【段落のまとめの文の書き方】
・中心となる文を見つけて要点をつかむ。
・まとめる文にするときには、読み手に分かるように前後の文の言葉も使う。

もし余裕があれば『組み立て表（構成表）』をしまわせて、このやりかたを使って6段落をまとめさせてもよいでしょう。

「6段落の三つの文の中で大事な文はどれですか」
・二つ目の文です。
・特別な液を見つけたです。においのあるえきが大事な言葉です。
「二段落のときのように二つ目の文を中心にしてまとめてみましょう。」

ありはおしりのところからにおいのあるとくべつなえきを出す。

【組み立て表（構成表）】

組み立て	段落	大体の内容	
はじめ	①	問い	なぜ、ありの行列ができるのか。
中	②	実験・観察したこと1	（ウイルソンという学者が実験と観察をした）※空欄で
	③		砂糖を見つけたありが歩いたところに行列ができる。
	④	実験・観察したこと2	道すじに石を置いてさえぎっても行列はできる。
	⑤	観察して考えたこと	仮説—何か道しるべになるものをつけたのではないか。
	⑥	研究したこと	（ありはおしりのところからにおいのある特別なえきを出す。）※空欄で
	⑦		ウイルソンは研究から行列ができるわけを知った。
	⑧	研究して分かったこと	ありの行列ができるわけ—えさを見つけると地面に特別のえきをつけながら帰る。
おわり	⑨	答え（まとめ）	においをたどるので行列ができる。

第7時

行列ができるわけを説明しよう

主な言語活動

- 学習したことを生かしてありの行列ができるわけを教える手紙を書く。
- 「仲間の言葉」に注目しながら書き換える。

■リライト（書き換え）で自分なりの理解の仕方で表現する

筆者の表現の仕方を視写や音読で押さえることも大切ですが、自分なりの理解のしかたも大切にします。そのためにはリライト（書き換え）が有効です。

リライトとは、短くしたり視点を変えたりして読み取ったことを書き換えることです。また、相手にできるだけ正確に伝えるためのリライトも指導したいものです。

ここでは二つの活動を紹介します。

■「仲間の言葉」に注目して書く活動

①ことば集めをする（語彙指導）

語彙とはある仲間としての言葉の集まりです。この「ありの行列」には行列にかかわる言葉がたくさん出てきます。次のように問い、子どもたちにそれを見つけさせます。

「この文章の中から行列に関係のある言葉を見つけましょう」

- 帰る
- 行く
- 道すじ
- 道
- 歩く
- 道しるべ
- たどる
- 行列

などがすぐに見つかるでしょう。これらはすべて歩くことにかかわる言葉になっています。

子どもたちには「仲間の言葉」と押さえさせてもいいでしょう。次に、

「この仲間の言葉を使って、ありの行列ができるわけを説明しましょう」

と言って文章を書かせます。

②キーワードを押さえる

子どもたちからは

- 他の言葉も使っていいですか。

という質問が出ます。

「そうです。これを全部使わなくてもいいし、形を変えてもいいし、他の言葉も使います。他の言葉で、大事な言葉がありますね。何という言葉ですか」

と質問して「**においのするえき**」が最も大切な言葉・キーワードであることを押さえておきま

す。

このようにして、①ことば集めをして②キーワードを押さえた上で、ありの行列ができるわけを説明する文章を書いていきます。

【例】

みなさんは、ありの行列を見たことがありますか。ありはものがよく見えません。それなのに、なぜえさのところまで長い行列ができるのでしょう。それにはこんなひみつがあるのです。

最初にえさを見つけたありは、おしりからえきを出し、これを地面にをつけながら巣に帰ります。ほかのありたちは、この液のにおいをたどってえさのあるところまで歩いていくのです。そのありたちも巣に帰るとき同じように、**においのあるえき**を地面につけながら帰るので、このにおいが道しるべとなってつぎつぎありたちがえさを運びに来て行列ができるのです。これが長い行列ができるひみつです。

（――は関連語彙）

■学習活動を振り返り、表現を工夫して書き換える活動

・家の人にありが行列をつくる秘密を教える手紙

ここでは、前時に作った組み立て表を十分活用します。そうすることで、この話のすじに沿って必要なことを落とさずにリライトすることができるからです。

【例】

「家の人にありが行列をつくるひみつを教える手紙」

おばあちゃんこんにちは。元気ですか。きょう私は学校でありの行列ができるわけを勉強しました。ありは目が見えないのに一列になってさとうをどうやって巣まで運ぶのかおばあちゃんに教えるので読んでください。

まず、最初に一ぴきのありがさとうの山を見つけました。ありはさとうをもって自分の巣に帰るとき、おしりのところからえきを出して、えきを地面につけながら帰るのです。そのえきは、においのあるじょうはつしやすいえきです。巣にいたほかのありたちは、そのにおいにそって歩いて、さとうの山にたどり着くのです。（後略）

手紙には絵も描かせるとよいでしょう。絵を添えることにより、ありの動きを確認したり、説明を具体的に理解したりすることができるからです。

■書いた文章を友達に紹介し、交流する

友達同士読み合い、よいところを指摘する。

「**書いた文章を友達に紹介しお互いによいところを伝え合いましょう**」

・ウイルソンさんが行った実験や観察が○○さんらしい言葉で書かれています。

・二年生の子にも分かるように、やさしい言葉を使っているのがとても分かりやすくていいと思いました。

例文のように、「分かったことを中心に」書く子もいます。そうではなく本文の筋に沿ってウイルソンが「したことと」して説明風に書く子もいます。それらの表現の違いに気付かせながら話し合えるとよいでしょう。

（横谷　和子）

2 中心となる言葉や文に注目して、段落の内容を正しく読み取る力を育てる

「自然のかくし絵」

矢島　稔（東京書籍・三年上）

▼何について書いてあるのか、話題の中心をはっきりつかむ。
▼中心となる言葉や文に注目して内容をまとめる。
▼筆者の説明の仕方を考える。

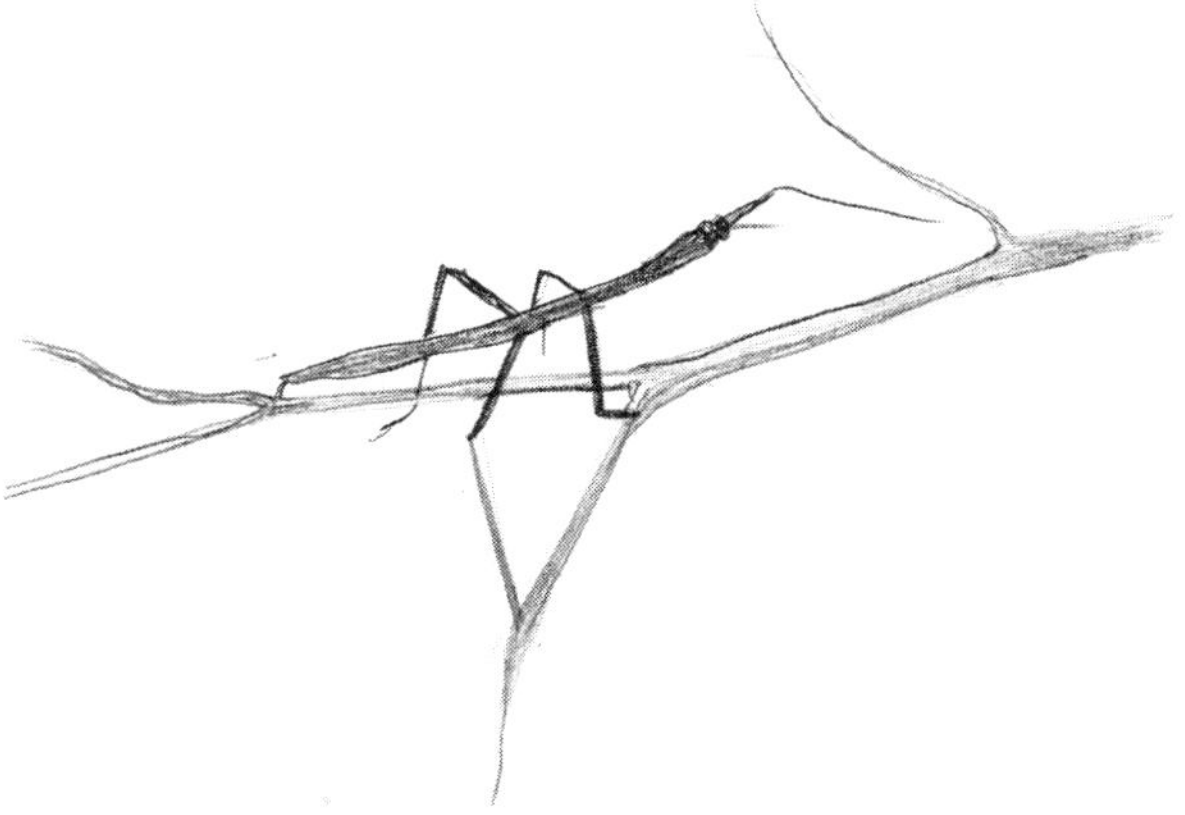

ねらいと学習の重点

子どもたちが興味をもっている昆虫についての話です。バッタや蝶はどのようにして敵から身を守っているか、その方法を「自然のかくし絵」として紹介している説明的な文章です。

三年生の一学期ですので、ここでは、段落についてしっかりと押さえます。それぞれの段落にどんなことが書かれているかをつかみ、さらに段落の大きな「まとまり」としての内容をとらえることを通して読んでいきます。その際、大事な文・言葉に注目させることになります。この説明的な文章では、題名にかかわる言葉、繰り返される言葉、類似語に視点をあてることで話題の中心につながる読みがうながされます。これらは、今後の説明文を読む上でも基礎となります。

何を読み取ったのかを自分の言葉でまとめて説明する活動を取り入れて読みを確かなものにしていきます。

さらに、写真を見て本文に書いてあることを説明させるなどの活動も取り入れて、学習を発展させます。

■指導計画〈9時間〉「自然のかくし絵」

時	学習内容	学習活動
1	扉の写真と題名から書かれている内容を想像し、感想を書こう	・扉の写真と題名から書かれている内容を想像して話し合う。 ・全文を読んで感想を書く。
2	段落に分けて、文章の大体の内容を読み取ろう	・段落に分けて内容の大体をつかむ。 ・段落の働きを話し合う。
3	保護色につい読み取ろう	・段落の意味を理解して中心文を見つける。 ・中心文から中心となる語をとらえる。
4	保護色は何かを考えよう～コノハチョウ～	・保護色という概念を使って読む。 ・コノハチョウのほご色のまとめの文を書く。
5	自然のかくし絵について話し合おう	・保護色の働きについて話し合う。 ・保護色のよさについて書く。
6	保護色の役割をくわしく知ろう ～トノサマバッタ・ゴマダラチョウ～	・中心文を押さえて読む。 ・写真を見て考える。 ・「保護色になるような場所をえらんで」について考える。
7	保護色が役に立つ条件について考えよう	・中心文をつかむ。・条件文について話し合う。 ・鳥やトカゲの立場に立って考える。
8	まとめの段落について話し合おう	・具体的な言葉に置き換える。 ・まとめの文を書く。
9	題名を考え、まとめの感想を書こう	・写真にタイトルを付ける。 ・「しぜんのかくし絵」とは何か考える。 ・まとめの感想を書く。

授業展開

第1時

扉の写真と題名から書かれている内容を想像し、感想を書こう

■扉の写真を見て話し合う

「扉の写真を見て、感じたことや知っていることを話し合いましょう」

・枝みたい。どこに虫がいるのか分からないね。

・ナナフシと言うんだよ。

・見分けにくいね。

子どもたちからいろいろなことが活発に出されます。特に、「昆虫博士」と言われる子どもは、知っていることを得意になって話すこともあります。

「かくし絵ってどんな絵のことか知っていますか」

・絵の中に何か他の絵が描いてある。

・どんな絵か、なかなか見つけられない。

「**これは、実際の写真です。絵の中にかくされているものがあります。何ですか**」

として実際のかくし絵を見せます。

・ハサミだ。

・えんぴつだ。

・まわりのものと似ているから見分けにくいんだね。

このようにしてかくし絵というのは、なかなか見分けられないように描いてある絵であることを伝えます。

■題名「自然のかくし絵」について考える

ここで、題名の「自然のかくし絵」について話し合います。

「**自然のかくし絵というのは何でしょう**」

・自然と書いてあるから人が描いたのではない。

・自然の中にあるもの。

・昆虫や動物が見分けにくいということ。

「**そうですね。自然の中にこの絵のようなものがあるということですね。きっと**」

■読んだ感想を書く

本文を読み感想を書きます。感想を書く時は、次のような視点を示すと書きやすくなります。

・初めて知って分かったこと
・不思議に思ったこと
・もっとくわしく知りたいと思ったこと
・筆者が言いたいことは何か　など

主な言語活動

・扉の写真や題名から話し合う。
・感想を書く。

第2時　段落に分けて、文章の大体の内容を読み取ろう

■段落に分ける

　全文を範読します。その後で段落について説明します。次のような図を示します。

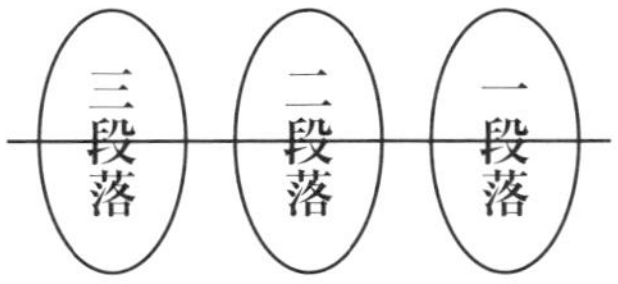

　文章はくしにだんごがささっているのに似ています。「くし」がテーマ、話題です。いくつものまとまりが、くしにささってつながっているのです。まとまりのことを段落といいます。文章では、一字下がっているところが段落の始まりです。

　このあとで、本文の一字下がりに注意しながら、①から⑩までの番号を付けて全体で確認します。

■段落の働きについて考える

　「まとまり」としての段落を意識させます。音読した後で、次のように聞きます。

「**段落に分けてある理由が分かりましたか**」

・違うことが書いてあります。
・バッタのところとチョウのところは別の段落になっています。

このように、大まかな話し合いでよいのです。

「**第六段落はバッタのこと、七段落はチョウのこと。他の段落も違うことがまとまって書いてありますか**」

　子どもたちはここで、

・第五段落は色が役に立っていることが書いてある。

などと発言するでしょう。ここでは、正確な読み取りがねらいではありません。段落ごとに違う内容になっていることに気付かせ、段落の働きを実感させることが大切なのです。

主な言語活動

・文章を段落に分け、大体をつかむ。
・段落の働きを話し合う。

■文章の大体の内容を読み取る

○登場するこん虫の名前をつかむ

　本文を読んでいくと、出てくるのはみんなこん虫であり、こん虫のほご色の説明をした文であることに気付きます。読みながら、教科書のこん虫の名前を色別にして囲います。サイドラインを引いてもよいでしょう。

【出てくるこん虫】
・セミ、バッタ
・コノハチョウ
・トノサマバッタ
・ゴマダラチョウ

第3時

保護色について読み取ろう〈第一・二段落〉

■文が一つでも段落

第一段落、第二段落を音読させます。まず第一段落に注目させます。

「**第一段落について気が付いたことがありますか**」

子どもたちはいろいろなことを言うでしょう。その中で、

・文が一つです。

という発言を取り上げます。

普通、いくつかの文が集まって段落ができていますが、一文でも段落になることをまず押さえます。そしてこの文を板書します。

この文を見ながら

「**大事なのはどこですか**」

と聞きます。

・木にとまったセミ
・草のしげみに下りたはずのバッタ
・見失うことがある

この三つの中で筆者が言いたいことは、「ふと見うしなうことがある」であることをつかみます。その上で、この言葉を使って第一段落を短くノートにまとめさせます。

セミやバッタを見うしなうことがある。

と短くまとめることができます。さらに、「木のみき」「草のしげみ」はどんなところかについて話し合います。そして、二十七頁と二十八頁の写真に「木のみき」「草のしげみ」を見つけてその言葉を記入させます。ノートに絵を描かせてもよいでしょう。

主な言語活動

・段落の意味を理解して、中心文を見つける。
・中心となる語をとらえ、まとめの文を書く。

絵1 「木のみき」

絵2 「草のしげみ」

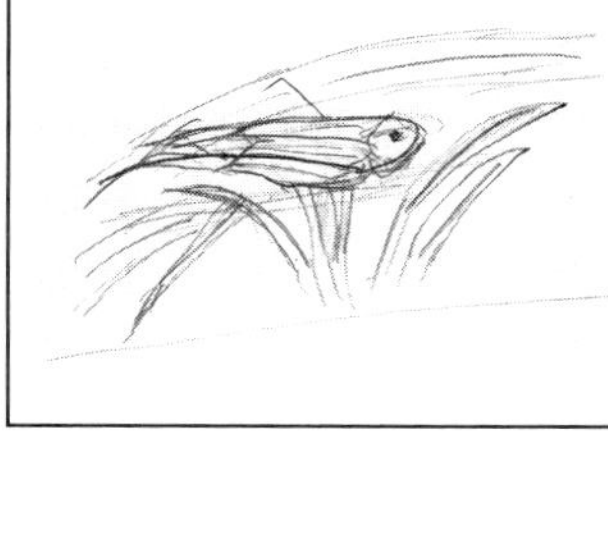

【注】「しげみ」について
動詞や形容詞の語根に「み」をつけると名詞になるものがあります。

【例】

のぞむ＋み＝のぞみ
甘い＋み＝甘み

■中心文を見つけて内容をつかむ

二段落を音読した後で、中心文について、たずねます。子どもたちは、

・身をかくすのに役立つ色のことを保護色と言います。

と答えるでしょう。これが、中心文であることを確認していきます。

・「このように……」と書いてあるので、これがまとめの文です。

という答えもでてきます。つなぎ言葉に注目した答えです。

■繰り返される言葉への注目

さらに、これが中心文であることを押さえるために、次のような問いをします。

「どんな言葉が繰り返されていますか」（二回繰り返されている言葉はどれですかと聞いてもよい）

・「見分けにくい色」が二回です。
・「身を隠すのに役立つ」が二回です。

と指摘するでしょう。そこで次のように板書します。

【板書例】

見分けにくい色（二回）←
身をかくすのに役立つ色（二回）＝
ほご色

繰り返されているのは大事な言葉

板書では、□の中を空欄にしておき、何という言葉が入るかを子どもたちと話し合います。そのことによって、見分けにくい色、身を隠すのに役立つ色をまとめて保護色と押さえていきます。

この板書をもとにして、子どもたちは二段落の内容をまとめます。

身をかくすのに役立つ色のことをほご色という。

■言い換えて理解する

この授業の中では、「言い換える」という方法で言葉を理解させていくとよいでしょう。「見分けにくい」や「保護」を別の言葉で言い換えて理解させます。

「見分けにくい」
まわりの色と区別しにくい

「ほご（保護）」
保護者会などを想起させて保護者は、子どもを守る人のこと。だから、保護は守る意味と言うようにとらえさせます。辞書で調べることも必要ですが、なるべく周辺にある言葉から考えさせていくことも必要です。

■挿絵を見て確かめる

セミとバッタの出ている挿絵を見て、色が似ていて見分けにくいかどうかを話し合います。その際、「見分けにくい」「身をかくしている」などの言葉で表現するようにします。

第4時 保護色は何かを考えよう〈第三段落〉
～コノハチョウ～

■保護色という概念を使って読む

第三段落を音読します。音読した後で、コノハチョウについて書かれていることを押さえます。さらにこの段落は、三つの文で構成されていることをつかみます。ところが、この段落には、中心文はありません。コノハチョウについての事実が書いてあるだけです。そこで、三つの文を読んだ後で、次のように聞いてみます。

「ひと言で言うと、コノハチョウは何だ、と言っているのですか」

・ほご色です。

という答えが返ってきたら、どうしてそう言えるのかを三つの文から見つけていきます。

その際、文の中の保護色に関係ある言葉を押さえていきます。

【板書例】（□内は後で記入する）

> コノハチョウは、ほご色だ
>
> ①の文―うらは、かれ葉のような色をしている。
>
> ②の文―形も木の枝そっくり。
>
> ③の文―ですから、とまっていると見分けがつかない。

■まとめの文を書く

右のような板書を押さえて、「コノハチョウは、ほご色だ」という題名でまとめの文を書きます。それは、三つの文を要約したものになるでしょう。

【例文】

> コノハチョウはかれ葉のような色で羽をとじている時には形も木の葉にそっくりなので見分けにくい。

ここでは、「木の葉に似ている」（形）がほご色という概念に含まれるかどうかという質問がでるでしょう。

・先生、色じゃなくて形だからほご色というのは変だよ。

こういう意見がでたときは、「いいことに気付いたね」と大事に扱います。ここは自由に話し合うとよいでしょう。

・色が中心でとても大事な役割を果たしているけれども、形を入れてもよいと思います。

このような話し合いになるでしょう。

主な言語活動

- 書かれている言葉から筆者の意図をつかむ。
- キーワードを押さえてまとめの文を書く。

第5時　自然のかくし絵について話し合おう〈第四・五段落〉

■題名と関連付けて中心文を見つける

第四段落を音読します。そして中心文について話し合います。子どもたちは、二つ目の文を指摘するでしょう。

ほご色は、自然のかくし絵だということができるでしょう。

なぜこれが中心文なのかについて話し合います。子どもたちからは、

・題名と同じ言葉だからです。

という発言がでてきます。大事な言葉は、題名とかかわっていることを、ここで押さえておきます。

その上で、第一文にも注目させます。ここで初めて「こん虫」という言葉が登場しています。筆者は、昆虫へと話題を広げているのです。それは次からの段落で展開していきます。

第四段落の中心文をノートに書きます。

ほご色は、自然のかくし絵だといえる。

■「ほご色は自然のかくし絵」について話し合う

どんなことが、どんな理由で自然のかくし絵と言えるのかについて自由に話し合います。その中では、第二、第三段落の内容をもとに話し合いが行われるでしょう。さらに、

・人間が描いたのではない。
（だから自然のなのだ）
・ひとりでそうなっている。
（だから自然のなのだ）
・絵ではないけれども、絵みたいなのだ。
（見ることにかかわっているから）

主な言語活動

・題名とかかわらせて中心文を見つける。
・保護色の働きについて話し合い、考えを書く。

とくに最後の。「絵ではないけど絵みたいだ」という発言を取り上げます。これを比喩と教えます。

「ほご色は自然のかくし絵」という言葉も比喩表現なのです

■保護色の働きについて話し合う

ここまでは、見分けにくい色が保護色だということを中心にして話が進んでいました。ここでは、なぜ見分けにくいのがよいのかという保護色の働きについて話し合っていきます。

第五段落を音読して二文構成になっていることを確認します。中心文は二つ目の文だということがすぐに分かるでしょう。「こん虫のほご色は」に注目することによって、二つ目の文が中心文だということが分かります。中心文をもとにして、まとめをノートに書き

ます。

【ノート例】

昆虫のほご色は、てきの目をだまして身をかくすのに役立つ

●なぜ敵の目をだますことができるのか話し合う

　このまとめを発表したあとで、なぜ敵の目をだませるのかを話し合います。

・まわりと似た色なので、見分けにくいから見つかりにくい。

（見つかりにくいということで相手をだましている）

・鳥やとかげの色を見分ける力は、人間と同じくらいだから、人をだませれば敵もだませるのだ。

（第一文を押さえた考え方）

　このことから、色が似ていても敵の見分ける力が強ければ見つかってしまうという発言が出てくるかもしれません。

■命を守ることに役立つ

　「暗黙の知」というのがあります。直接には書かれていませんが、とても大事なことです。

「昆虫が敵の目をだませるとどんないいことがありますか」

という問いで気付かせます。

・鳥に食べられない。

・命を守ることができる。

「命を守るため」ということが前提としてあることに気付きます。これは最後の段落にかかわってきます。

■保護色のよさについてまとめの文を書く

　この四・五段落のまとめとして「ほご色のよさ」をノートに書きます。

　書き出しを次の波線のように同じにすると書きやすくなります。続けて書くようにします。（――はリード文）

こん虫がてきの目をだませると、こわいトカゲや鳥に食べられません。ほご色は、自分のいのちをまもってくれるのです。

リード文に頼らずとも書ける子は自由に書かせます。

こん虫を食べる鳥やトカゲなどが色を見分ける力が、人間と同じくらいありますこんなに強いてきから身をまもるために、こん虫にはちえがあります。ほご色と言って、まわりのてきから自分をまもります。

　書く前に、「てき」「小鳥やトカゲ」「いのちを守る」などの言葉を押さえておくとよいでしょう。

第6時 〈第六・七段落〉

保護色の役割をくわしく知ろう
～トノサマバッタ・ゴマダラチョウ～

■中心文を押さえて読む

第六段落を音読します。

「この段落は何について書いてあるでしょう」

・トノサマバッタのほご色についてです。

こうして、トノサマバッタの何について書かれているかを読んでいきます。

「文はいくつありますか」

と聞いて三つであることを確認してから、中心文について聞きます。

・一つ目の文です。

・二つ目と三つ目の文は、事実が書いてありますが、一つ目の文は、それらをまとめた文になっています。

トノサマバッタは、自分の体がほご色になるような場所を選んで住んでいるようです。

ここでは、トノサマバッタの色と草むらの色のかかわりを読んでいきます。

緑色のバッタ……草むら（緑色）
褐色のバッタ……かれ草や落ち葉（褐色）

とした上で、場所を選んで住んでいることを押さえます。ここでなぜ場所を選んでいるのかについて話し合います。

・色が似ている場所に住んでいると、敵の目をだますことができる。

・色が似ているので見分けがつかない。

などの話し合いができるでしょう。

■写真を見て話し合う

写真を見ながら言葉で説明してもらいます。

その際、28頁の右の写真に『緑の草むら』左の写真に『かっ色のかれ草や落ち葉』と書き込ませます。これらの言葉を使って説明するようにします。

主な言語活動

・中心文を見つけて書く。
・写真を見て話し合う。
・段落の共通点を話し合う。

■「ほご色になるような場所をえらんですんでいる」について考える

「どうして『えらんで』と書いてあるのでしょう」

と発問します。（こういうところは、子どもから質問がでるようにしたいものです。）

・その場所を自分から選んで住んでいるからです。

・トノサマバッタは、自分の色に合わせてその色の所に行くからです。

・そこへ行けば「ほご色」と知っているからです。

「そうですね。自分から選んでそこへ行って住んでいるということです。」

・でも、それは、はっきりそうだとは言いきれない。

・「えらんですんでいるようです。」ということだから、そうかも知れないということです。

表現がそれまでとは違うような場合には何か理由があるのです。それに、敏感になってほしいものです。なぜはっきりとは言い切れないのかも話し合うとよいでしょう。

■図に描きながら中心文を押さえる

第七段落を音読します。同じようにして、中心文が第一文であることをつかみます。周りの色が変化するにつれて体の色が変わっていく昆虫という押さえをした後で、どのようなことを意味しているのかについて読み取っていきます。ここは、えのきの葉が夏は何色なのか書いていないので、それを補っていきます。じつは、ゴマダラチョウは個体としての幼虫の色が変化するのではありません。夏生まれと秋生まれの幼虫の色が違っているのです。そこで、次のように図示します。

春夏	エノキの葉（みどり）	幼虫（みどり）
↓		
秋	エノキの葉（きいろ）	幼虫（きいろ）

（　）の中には子どもたちに適切な言葉（色）を記入させます。この図を見ながら、まとめの文を書きます。

【例】

> ゴマダラチョウは、エノキの葉の色にあわせて幼虫の色が変化します。

とすると第一文とのずれに気が付くでしょう。第一文では、体の色が変わっていく「昆虫」もいますと書いてありました。そこで子どもたちと話し合いをします。

・ゴマダラチョウのほかにも色の変わっていく幼虫があるのかもしれない。

などの発言を受けて、ここでは一つの例だけしか挙げていないけれども、第一文がまとめの文なのだという押さえ方をします。この中で、教科書の写真に、春夏・秋、またみどり色・褐色などの言葉を記入して、理解を確実なものにしていきます。

■二つの段落（六、七段落）の共通点を話し合う

「トノサマバッタとゴマダラチョウの共通するところは何ですか」

・ほご色です。

・どちらもまわりの色に合わせて「かわる」ということです。

> バッタ　　　　→場所をかえる
> ゴマダラチョウ→幼虫の色をかえる

少し難しい話になりますが、昆虫達の能動性が話し合われればよいと思います。これらの昆虫はこうして種の保存を図るのです。

第7時

保護色が役立つ条件について考えよう〈第八・九段落〉

■中心文をつかむ

第八段落を音読して三つの文で構成されていることを確認します。

「**このうち、中心になる文はどれですか**」

・三つ目の文です。
・保護色はじっとしているときは、役に立つということです。
・はじめのほうには昆虫の一日のくらしが書いてあります。

こうして中心文をまず押さえてから、一、二文を読み取り、昆虫の一日を書き出します。

〈こん虫の一日〉

○決まった時間――活動、えさをとる。
○ほかの時間――体と似た色の所でじっと休んでいる。

■条件文について話し合う

「じっとしているかぎり、ほご色は身をかくすのに役立ちます。」をノートに書きます。

「**『じっとしているかぎり役立つ』ということからどんなことが言えますか**」

・まわりと色が似ているので、じっとしていれば見つからない。
・まわりと色が似ていても動くと見つかってしまうということ。

■書き換えて理解する

第九段落を音読します。

「第九段落の中心文は、はじめの文です。二つ目の文は、理由の説明です。**これを理由を先にして説明する文に書き換えましょう**」

主な言語活動
・中心文をつかみ読み取る。 ・文章をリライト＝（書き換える）。

【例】

鳥やトカゲは（するどい目をもって）いるから、こん虫が自分の体の色と同じような色をした所にいたとしても（鳥やトカゲ）に（食べられて）しまうことがあります。

■鳥やトカゲの立場になって考える

鳥が虫をくわえている教科書の写真を見ながら話し合います。

「**この鳥は何をしているところですか**」

・虫を捕ったところです。
・巣へ運ぼうとしています。

鳥もえさを捕るのに必死、昆虫たちもまた身を守るのに必死です。鳥も昆虫を全部捕れるわけではなく、ここに生命のバランスがあります。

第8時〈第十段落〉

まとめの段落について話し合おう

■**まとめの段落であることをつかむ**

第十段落を音読したあと、どういう段落かを押さえます。

・まとめの段落です。

・保護色が昆虫に役立っていることをまとめています。

「ここではじめて出てきた大事な言葉があります。見つけて線を引きましょう」

・「生きつづける」です。

「『こん虫が生きつづける』とは、どういうことですか」

・一匹食われてもほかのは生き残ること。

・卵を産み、子どもが育つこと。

■**まとめの文を書く**

この段落は「まとめ」なのですべて抽象的な言葉になっています。そこで全文をノートに一行あけて下の板書例のように視写させます。そのあとで、これまで読んできた具体的な言葉をその横に書く「広げ読み」をします。

「広げ読み」に慣れていない子供たちには、「『保護色』とはどういう色でしたか」と聞きながら板書していきます。やり方が分かったところで、ノートに記入させます。

最後にまとめの文を書きます。

> ほご色は、てきにかこまれながらこん虫が生きつづけるのに、ずいぶん役立っている。

主な言語活動

・具体的な言葉に置き換える。
・まとめの文を書く。

【板書例】

身分けにくい　動いたときは△
まわりと似た色　じっとしているときは◯
ほご色は、　**どんな場合でも**
てきから身を守る　できないときもあるが…
役立つとは　**かぎりませんが、**
鳥、トカゲなど
てきにかこまれながら
身を守り、卵を産み、子孫が育つ
こん虫が生きつづけるのに、
たくさん　（強く言っている）
ずいぶん役立っているのです。
ちょっとは役立たないときもある。

第9時

題名を考え、まとめの感想を書こう

主な言語活動

・題名について話し合う。
・写真にタイトルを付ける。
・大事な言葉を入れて、まとめの感想を書く。

■題名「自然のかくし絵」とは何かを話し合う

「自然のかくし絵」とは何か、なぜ「自然のかくし絵」という題にしたのかを考えます。

「『自然のかくし絵』とは何ですか」

・「自然のかくし絵」は昆虫などの保護色です。
・敵から身を隠すのに役立っています。
・周りの色に合わせて体の色を変えます。

「なぜ『自然のかくし絵』と筆者は言っているのですか」

・ふつうのかくし絵は人間が描いたものだけど、自然のかくし絵は自然のなかにあって、人間が描いたのではない。
・自然のしくみが「かくし絵」のように見えるから、筆者が例《たと》えて言っている。

■写真にタイトルを付ける

今までの学習を生かして写真にタイトルを付けます。要点をつかむ学習にもつながります。

P27　まわりの色で身をかくすセミ・コノハチョウ
P28右　緑色の草むらにいるトノサマバッタ
P28左　かれ草や落ち葉にいるトノサマバッタ
P29右　エノキの葉の色に変わるゴマダラチョウ（春）
P28左　エノキの葉の色に変わるゴマダラチョウ（秋）
P30　するどい目でこん虫をつかまえる鳥

■まとめの感想を書く

○こん虫
○自然のかくし絵
○ほご色
○身を守る（生きつづける）

この四つの言葉を必ず入れて、学習後の感想を書きます。二百字以内で、百五十字以内でなど、決まった字数で簡潔に書くことを目標とします。書き終わったら、書いたものを読み合ったり発表したりして感想を交流します。

【感想例】

いのち

こん虫の中には『自然のかくし絵』のように、ほご色でてきから身を守るものがあります。こん虫にもすばらしい知恵があることにおどろきました。でも、ほご色があるのに、おそろしい鳥やトカゲなどのてきにおそわれるからかわいそうです。でも、鳥もトカゲもえさを食べなければ生きていけません。小さいものが大きいものに食べられ、また、さらに大きい動物に食べられていきます。最後は人間です。

こうして、わたしたち人間は、魚や動物のいのちをもらって生きているので、「いただきます。」をして食べるのです。

（林　真由美）

3　文章・写真・図から読み取り、自分の言葉で表現する

「人をつつむ形」

小松義夫（東京書籍・三年下）

文章とあわせて、写真や図から読み取ったことをいろいろな文種でリライト（書き換え）する。

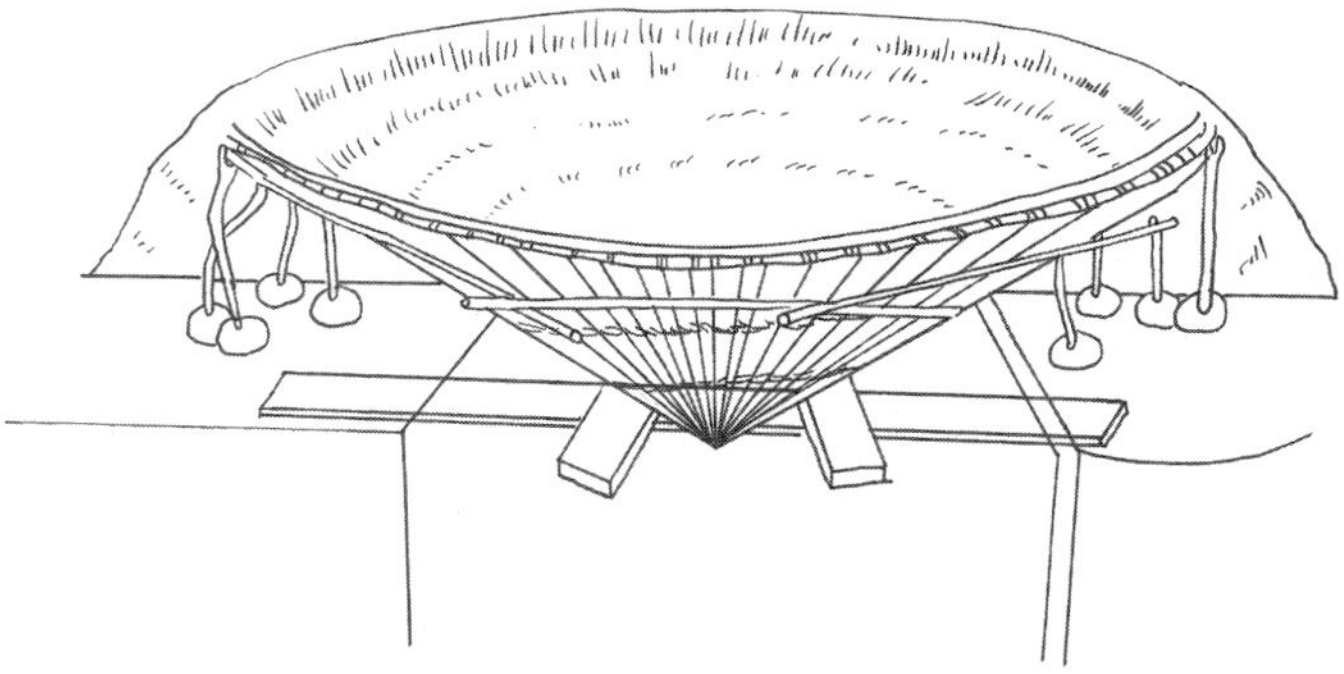

ねらいと学習の重点

　絵・写真と合わせて読む文章です。もちろん、文章のほうが比重は大きいのですが、写真・絵と合わせて読むことで、全体としての理解ができるようになっています。文章として読むこと。絵や写真から中心的な情報を読み取ること。それらをつなげて理解することと言えます。

　基本的な論点・観点をまず押さえます。その観点に沿って文章、絵や写真から情報を選びとることがここでは求められます。

　その際、絵や写真は、言葉に置き換えることが必要になります。キーワードに結び付けて絵や写真から情報を選び、簡単な説明文にしたり、話したりする活動が展開されます。

　また、単なる「家のつくり」のこととしてではなく、「人がいて暮らしがある」という筆者の思いに結び付けて、人々の営みとして、暮らしとして、読み広げます。そのために、想像したことを書く、分かることを書く、自分の考えを書く活動を多くします。自分の読み、豊かな読みへつなげます。

■指導計画〈11時間〉「人をつつむ形」

時	学習内容	学習活動
1	どの国の家に興味をもったか話し合おう	・図や絵、写真などからいちばん興味をもった家を選び、理由を話し合う。
2	家のつくりについて、筆者はどういう視点で書いているかを知ろう	・家のつくりについて筆者の視点をつかむ。 ・構成について話し合う
3	五つの段落の役割を考えよう	・二つの国の例を観点で調べる。 ・例の挙げ方を考える。 ・五つの段落の役割を考える。
4	モンゴルの家のつくりについて考えよう	・モンゴルのゲルの特徴を三つの観点で表にまとめる。 ・短い言葉で特徴をまとめる。
5	モンゴルの人々の生活を説明しよう	・モンゴルの人々の暮らしについて説明文を書く。
6	チュニジアの家のつくりについて考えよう	・チュニジアの家の特徴を三つの観点で表にまとめる。 ・短い言葉で特徴をまとめる。
7	チュニジアの人々の生活について問いと答えの文を作ろう	・チュニジアの人々の暮らしについて、問いと答えの文を書く。
8	セネガルの家のつくりについて考えよう	・セネガルの家の特徴を三つの観点で表にまとめる。 ・短い言葉で特徴をまとめる。
9	セネガルの人々の生活を説明しよう	・インタビュアーになって質問し、インタビューに答える。
10	興味をもった家について説明しよう	・興味をもった家について、材料や気候、暮らしを関連付けて話す。
11	日本の家のつくりを説明する文章を書こう	・家のつくりについて、土地の条件や気候と結び付けて説明する文章を書く。

授業展開

第1時 どの国の家に興味をもったのか話し合おう

■「人をつつむ形」ついて話し合う

範読・音読をした後で、段落分けをします。

「『人をつつむ形』とは何のことですか」

・家、うちのことです。

・住居のことです。

「『人をつつむ』という言葉からどんな感じがしますか」

・大事なものを、守る感じがします。

・囲まれているという感じがします。

このように包むという語感を話し合います。

「どんな家があるのでしょうか。もう一度、読んでみましょう」

■構成をとらえて大体の内容をつかむ

全文を読み終わった後で聞きます。

「どこの国の家が紹介されていますか」

この問いでは、子どもたちは次のように五つの家を挙げるでしょう。

・ボリビア

・ルーマニア

・モンゴル

・チュニジア

・セネガル

順番に板書しておきます。板書を見て「おかしい。違う」という子どもが出てきたら話してもらいます。

「あとの三つが紹介されていて、前の二つは違うと思います」

こういう発言が出てこない時には、次のような問いをします。

主な言語活動

・本文写真などから大体の内容をつかむ。

・興味をもった家について理由を入れて話す。

「この五つのうちで詳しく紹介されているのはどれですか」

・モンゴル

・チュニジア

・セネガル

・それぞれが、大きなまとまりで書かれています。

・見出しも付いています。

・それに「しょうかいしましょう」と言った後に書かれています。

・写真と図もたくさんあります。

これらの発言を聞き流さないで、一つ一つ本文や写真、図で確かめます。

「では、この三つの国の家が紹介されてい

ることが分かりましたね。ところで、はじめのボリビアの家とルーマニアの家は紹介には入らないから□で囲んでおきます。これは何に当たるのかは後で考えましょう」

■興味を持った家を選んで理由を言いながら話し合う

三つの国のうち、どの家にいちばん興味をもったのか各自で決めます。興味をもった理由をグループで話し合います。

・わたしは、モンゴルの家に興味をもちました。移動して行ってすぐに組み立てられるのがいいと思いました。

・ぼくは、セネガルの家に住んでみたいと思いました。じょうごのような屋根からどのように雨を集めるのか見たいからです。大雨が降ってあふれたらどうするのでしょうか。

話し方を示す話型を提示して、分かりやすく話すようにします。

【話型の例】

> わたしは、□の家にきょうみをもちました。□だからです。

理由や事例を挙げながら道筋を立て、相手意識を持たせて、ていねいな言葉遣いで話すようにします。

また、じっと耳を傾けて、相手が言おうとすることを分かろうとしながら聞くという姿勢を伝えます。

【聞き方】

○表情豊かに、にっこりとうなずきながら。
○話し手の方を見ながら。

「同じだね」
「そうか、そういう理由なんだ。」
「そうなんだ」

【板書例】

人をつつむ形

・家……人を守る。
かこまれている。

ボリビア
ルーマニア
紹介している国
モンゴル
チュニジア
セネガル

（話し方）
わたしは□の家にきょうみをもちました。□だからです。

（聞き方）
同じだね。
そうか、そういう理由なんだ。
そうなんだ。

第2時 家のつくりについて、筆者はどういう観点で書いているかを知ろう

〈第一～五段落〉

■五つの段落の構成を考える

音読して、五つの段落でできていることを押さえます。

この五つの段落は、サンドイッチ型の構成です。額縁構造です。第一段落と第五段落が額縁・枠です。そこではじめに額縁・枠に注目させます。

教科書の二、三、四段落を赤い線で囲ませます。一、五段落は鉛筆の線で黒で囲みます。

【板書例】

一段落　人がいて家がある風景の写真
二段落　ボリビアの家
三段落　ルーマニアの家
四段落　どの家も、
（二～四段落）家のこと
五段落　わたしがしょうかいします。

「赤い線で囲んだところには何について書いてありますか」

・家のことです。

発言を受けて確かめてみます。

「では、初めと終わりの黒で囲んだところはどうですか。」

・私、筆者のことです。わたしは紹介しますということです。

この初めと最後の段落には、「わたし」という言葉がそれぞれ出ていることを確認します。ではまとめてみましょう。（板書例参照）

A、世界の家のこと二、三、四段落

B、わたしが紹介するということ一、五段落

■筆者の知らせたいことを読み取る

家のことが書いてあるのは、二、三、四段落です。

「筆者はこの三つ段落のうちでのうち、どれを分かってほしいと思って紹介するのですか」

黙読して見つけるように言います。

・第四段落です。「どの家も・・・」のことです。

・ボリビアとルーマニアの家は、例として出したのです。

・「どの家も」でまとめたのが四段落ですからここが大事です。

第四段落が中心ですね。これを言いたいのですね。

■筆者の観点を整理する

ここで、中心文を抜き書きします。

どの家も地元にあるざいりょうを使い、その土地の気候に合わせて、人々のくらしにべんりなように作られています。

主な言語活動

・家のつくりについて筆者の書き方を知り、抜き書きする。

「この文には、大事なことが三つあります。見つけて①、②、③と横に書きましょう。」

発表して書き出していきます。

○家の作り・三つの大事な観点

①地元にある材料を使っている

②その土地の気候に合わせている

③暮らしに便利なようにできている

■言い換えて理解する

三つの観点を書き出したら、具体的に言い換えます。

①**「家を作る材料とはどんなものですか」**

発表して、列挙していきます。

・木材、草、ガラス、鉄、石、砂、土、など

・まとめて「家を作る材料」と言います。

②**「気候とはどんなことですか」**

雨、風、晴れ、雪、気温（低い・高い・寒い・熱い）、湿っぽい、乾いている、など。

・長い間の天気の特徴を気候と言います。

・東京の夏の気候は晴れが多くて蒸し暑い。

③**「暮らしに便利とはどんなことか」**

暮らしを分析していきます。

・食べる・飲む

・住む・寝る・着る

・働く

・育てる、など

便利とはどういうことかも例示します。

・かんたんにできる。早くできる。楽にできる、など。

■役割読みで構成を確認する

終りに、隣同士で、わく（額縁）と中身に分かれて音読します。

【板書例】

世界の風景＝人がいて家がある

例

・ボリビアの家

・ルーマニアの家

↓

どの家も、①地元の材料を使い、②その土地の気候に合わせて、③人々の暮らしにべんりなように作ってあります。

↓

わたしは（これから）しょうかいします。

吟味読みで思考力を高める

文学作品の鑑賞・批評に当たるのが説明文では「吟味読み」です。例の挙げ方、結論と例・事実のつなげ方が適切かなどを検討する読みのことです。

「人をつつむ形」では、ボリビアとルーマニアの例から、四段落で、「どの家も地元の材料を使い、気候に合わせて、生活に便利にできている」とまとめています。二つの例でそう言ってしまってよいのか。特に、「気候」、「生活に便利」、ということについてはルーマニアの例しか出ていません。一つの例で、まとめてしまっているのです。「これでいいのだろうか」という疑問から、次の時間は展開していきます。

この文章が悪いというのではありません。例の挙げ方を検討することで、子どもたちの考える力を育てていきたいのです。日々の暮らしの中に生かしていきたいと思うのです。また、そうすることで、筆者の意図もとらえ、この文章の構成も考えることになるからです。

第3時　五つの段落の役割を考えよう〈第一〜五段落〉

■二つの国の例を観点で調べる

音読した後で、ボリビアとルーマニアの家がどのような例として書かれているか、三つの観点で表に整理していきます。

←

	ボリビアの家	ルーマニアの家
材料	草の根のはった土のブロック	森の木の板
気候		雪が多いので、屋根のかたむきを大きくして、雪が落ちやすいようにしている。
便利さ		けむり出しのまど 屋根に雪がつもらないように

※表にしてみるといくつかの観点が欠落しているのが分かる。

■例の挙げ方を吟味する

その後で、表を見させます。そして気付いたことを発表します。

主な言語活動

・観点で整理する。
・例の挙げ方を話し合う。
・段落の役割を考える。

ボリビアには
・気候が書いてない。
・暮らしに便利なことが書いてない。

「これではいけませんか」

・「どの家も気候に合わせて」と書いてあるのに、ルーマニア一つだけでは、どの家もとは言えません。
・「どの家も暮らしに便利」とまとめてあるのに、ルーマニアの例だけでは本当かどうか分かりません。

■例の挙げ方について経験を話し合う

「皆さんは実はこう言うことでいやな思いをしたことはありませんか。一回しただけでいつもしているというように言われたことはありませんか」

ここで少ない例で決めつけられたことがた

くさん出てくるでしょう。また、反対に自分が決めつけてしまったことも出るでしょう。

「ということは少ない例で、結論を急いではいけないということですね。間違うことがある。説得力がないということですね。皆さんも何かを言うときには例を三つか四つは挙げるといいですね」

■例が少ない分けについて考える

「これだけの、少ない例で、「どの家も」、とは言えないと思いますが、筆者はどうしてもっとたくさん例を挙げなかったのでしょうか」

・これは例だから、全部なくてもいいのだと思います。ここは、紹介ではないからです。

・後で、ほかの国の家を紹介するときの、観点を出すために書いたので、少なくてもいいと考えたのです。

・ここで例を詳しく書いたら後での紹介はいらなくなります。

「なるほど。準備運動みたいなことですね。後できちんと運動するからここは簡単にしたのですね。だから、この後はしっかり読みましょう」

■初めの五つの段落の役割を考える

「世界の家を紹介するのはこの後の六段落からですね。では今日読んだ五つの段落はこの話の中ではどんな役目のまとまりですか」

・「初めに」、です。

・これから世界の家を紹介します、ということです。

「だったら初めから・紹介しますと書けばよかったのではないですか」（二、三、四段落を抜かしてここで一、五段落を続けて読みあげます）

・それでは家のことでもどんなことを紹介するのか分かりません。

・材料のこと、気候のこと便利なことを中心に、紹介したいということを、はじめに言っているのです。

「そうですね。これから、どう言う風に話を進めるかが書かれているのですね。」

枠の部分と中身の部分に分けて役割の読みをして終了します。

【板書例】

表

	ボリビアの家	ルーマニアの家
材料	草の根のはった土のブロック	森の木の板
気候		雪が多いので、屋根のかたむきを大きくして、雪が落ちやすいようにしている。
便利さ		けむり出しのまど 屋根に雪がつもらないように

例のあげ方……一つだけでいいのか

・けむり出しのまど

→「どの家も暮らしにべんりだ」

一つの例ではそうはいえない。

・雪が落ちやすいかたむいた屋根

→どの家も

気候に合わせてある

一つの例では分からない。

例が少ないと分かってもらえない

「準備」「はじめに」のまとまり①～⑤

三つの観点で紹介する。

(1)地元のざいりょう

(2)土地の気候

(3)暮らしにべんり

第4時　モンゴルの家のつくりについて考えよう

〈大草原の白い家――モンゴル〉

主な言語活動

・三つの観点でまとめる。
・モンゴルの家の特徴を短い言葉で表す。
・挿絵・説明から中心情報をつかむ。

■三つの観点で表にまとめる

本文を音読します。

「見渡す限りの草原というのはどのくらい広いのかな」

・わたし達の県ぐらい。
・いやもっと広いと思います。

こんな話し合いをして、地図・写真を見せます。

「日本より広いですね。ずうっと草原なんだ。」

その後で学習シート（142頁参照）を配り、三つの観点で整理します。本文だけでなく挿絵の説明も読んで、表に入れるようにします。

また、挿絵などを手がかりにして、表の上段のところに絵を描きます。ほぼ書き終わったら、家の特徴を考えて（　）に記入します。

「学習シートを書きながら、モンゴルの家の特徴は何だと思いましたか。表の（　）の中に短い言葉で書きましょう」

書き終わったら話し合います。

・草を求めて引越しやすい家
・羊や馬をつれて移動するのに便利な家
・移動に便利な家

このように、モンゴルの家の特徴を短い言葉で押さえます。「引っ越し」、「移動」がキーワードです。

■挿絵と説明から中心情報をつかみとる

暮らしについては本文にはあまり書いてありません。それを挿絵とその説明から読み取ります。

「下の二つの絵を見てください。どんな説明がありますか。」

「四歳から馬に乗る」

「乳をしぼるときは……と乳がよく出る」

「この絵と説明からどんなことが分かりますか。」

・馬に、小さい時から乗れるようになっていること。馬と仲良し。広い草原だから乗れないと出かけられない、大変です。
・馬のミルクがたくさんほしいということ。ミルクが大事な食糧だということ。

「両方をまとめるとどう言うことが言えますか。暮らしという言葉を使って言いましょう」（＊）

・馬が暮らしではとても大切だということです。
・馬が中心の暮らしだということです。

「そうですね。馬が生活の中で大事な役目をしているということですね」

・そう言えばストーブも馬糞を燃やしてる。

こう言う話し合いをします。絵とか説明とかの直接的に描かれている、分かる・見える情報から、中心的な情報（見えない）をこうしてつかみとっていくのです。抽象化です。

ここではていねいに段階を踏んでいますが、やがては、子どもたちがこの段階を自分でたどっていけるようにしたいものです。

これは後のチュニジア、セネガルでも同じです。（＊発問はもっと易しく「暮らしの中心にいるのは何ですか」としてもよい）

■なぜ移動していくのか話し合う

「なぜ移動するのか、文章や絵を手がかりに考えてください」

ここで、馬や羊を放牧していることについて話し合いになります。前に話し合った馬を育てることにかかわって話し合いが展開されるでしょう。

・えさにする草や水を求めて、草原を移動しながら育てるからです。

・草が食べられてなくなってしまったら別のところ・草の生えているところへ移動します。家も引っ越しです。

・馬や羊がたくさんいるので、草もなくなるのだと思います。

・季節も関係していると思います。桜だって南から咲いてきます。草も、早くはえるところや遅くはえるところがあるからです。

・馬が中心だから馬のえさに合わせて引っ越しします。

【板書例】

モンゴルの家＝ゲル
広い草原
・ざいりょう
・気候
・人々の暮らしにべんり
《家の特ちょう》
・草をもとめて引っこしやすい家
・羊や馬をつれて移動するのにべんりな家

■引っ越ししやすさを本文と絵から話し合う

「引越しに便利だと思うものを絵と文から見つけて、ノートに書き出しましょう。3つぐらい見つけましょう。」

・組み立て式です。

・屋根はテントみたいです。

・バラバラにして運べます。

・家具もあまりありません。

・人と比べて分かりますが、あまり大きくありません。だから引っ越しやすい。

「家を見ての感想も言ってもらいます」

・あまり物はないけれども、生活に必要な物はそろっています。

・家に飾りなどもあって、生活を楽しんでいます。

・子どもも働いています。

・ミルクを入れる入れ物がたくさんあります。

本文を音読して終了します。

【学習シート例】

国名　モンゴル　（移動に便利な　　　　）**家**

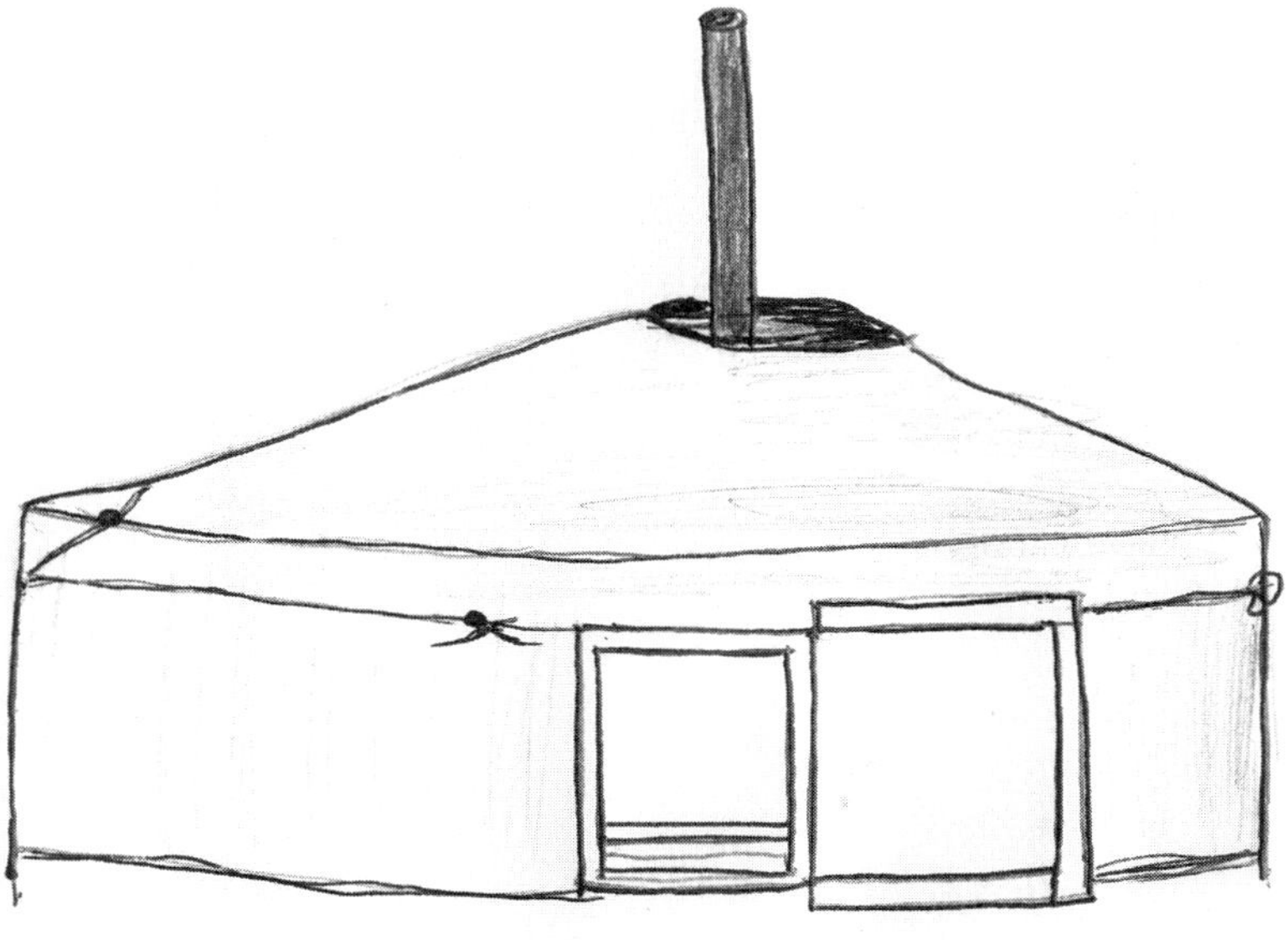

※絵は、教科書の写真を見て描かせます。

場　所（草原）		**土地の気候**	**人々のくらし**
家	**地元の材料**		
何かをつつんだような……形 羊や馬を放牧してくらす人々の家……、ゲル	家のほね組みは木でできている。 羊の毛で作ったフェルトでおおわれている。	きびしい冬の寒さをしのぐために、馬ふんをねんりょうにしたストーブがある。	草があるところに移動する。 馬の乳をしぼって飲んでいる。 馬が生活ではとても大事。

（学習シートの使い方：ゴシックの文字は印刷しておきます。仕上げたシートの例です。）

第5時

モンゴルの人々の生活を説明しよう

■絵や写真を見て、本文には書かれていないところを補って説明文を書く

ここでの学習は、冒頭の「人がいて暮らしがある」を豊かに読むのがねらいです。単に家のつくりが分かりました、という学習にはしないということです。次のチュニジア、セネガルでも同じように扱います。これはまた、絵、写真の読み取りだけではなく、想像したり、表現したり、交流したりする学習活動となります。

「モンゴルの人々の暮らしについて、本文には書かれていないこともたくさんあります。それを絵や写真で分かることも入れて説明しましょう」

・ぼくは、子どもたちがどんなことで楽しんでいるか書きます。

・わたしは、なぜ組み立てしやすい家なのか図を見てから書きます。

・ぼくはなぜ移動しながら生活しているのかを考えて書きます。

このように話し合って、自分の話題を決めてから書きます。

・草原でくらす

モンゴルの人々は、羊や馬を放牧しながらくらしています。羊や馬が食べる草がはえている所をさがして、移動しながら生活しています。だから、家は、移動できる組み立て式です。広い草原に住んでいるので走ったりサッカーしたりして遊べそうです。自然がいっぱいあっていいなあと思います。

・ゲルの中のくらし

ゲルの羊の毛で作ったフェルトでおおわれているので、ゲルの中はあたたかいです。入って右がわが女性、左がわが男性用です。正面は神やほとけをおまつりします。中央に、ストーブがおいてあります。料理もします。てっぺんにまどがあり、えんとつになっています。

・馬とのくらし

モンゴルの子どもは、四さいくらいから馬に乗っています。電車もバスも車もないので、馬に乗るのかなあと思います。馬がないとどこにも行けないのでしょう。馬や羊のちちをしぼって飲んだり、お料理にしたりします。

書き終わったら、読み合い・交流をします。

暮らしを想像し話し合うことで、そこに住む人々の願いや思いに心を寄せることになるでしょう。それが「人がいて、家がある風景」を読む意味なのです。

主な言語活動

・モンゴルの人々の暮らしについて説明文を書く。

第６時　チュニジアの家のつくりについて考えよう

〈地面の下でくらす――チュニジア〉

■チュニジアの家の作りについて表にまとめる

本文を読んで三つの観点で表にまとめます。その際、見出し「地面の下でくらす」にも注目させます。

第一段落には空間的な位置が示されています。これを絵と図に表すことで読み取っていきます。子どもたちは表の上段のところに絵や図をかきます。図解することによって空間的な広がりや位置関係を理解します。

■穴の中の家のよさについて話し合う

気候に対応した穴の中の生活の良さを話し合います。

第二段落の夏や冬の気温の厳しさについての話し合いができます。さらに水はけの問題や部屋を増やすことなども読み取ります。

■穴の家の特徴を短くまとめる

穴の家の特徴を一言でまとめて、学習シートの（　）に書きます。

「**穴の中の家の特徴はなんですか**」

・すごしやすい。
・水はけがよい。
・部屋を簡単に増やせる。

このような特徴のうちどれがもっとも大きな特徴と言えるかについて話し合います。

そのために、言い換えが必要になります。

・（寒さや暑さから守ってくれるので）すごしやすい。
・（気温の変化が少ないので）すごしやすい。

主な言語活動

・チュニジアの特徴を三つの観点でまとめる。
・絵と図に表して理解する。
・短い言葉で言い換えて特徴をまとめる。

【板書例】

チュニジアの家

①ざいりょう
②気候
③人々のくらし

《特ちょう》

◎きびしい寒さや暑さでもすごしやすい。
・水はけがよい。
・部屋をかんたんにふやせる。

【学習シート例】

国名　チュニジア（厳しい寒さ暑さをしのぐ　）**家**

※絵や図は、本文を読んだり、挿絵を見て描かせます。

場所（地面）家の形	場所（地面）地元の材料	土地の気候	人々のくらし
地面にあけたあな	中庭から横にほったあなが部屋になる。	気温が夏は五十度に近く、冬はれい度より下がる。地面の下の部屋は一年じゅう、二十度から二十八度で、すごしやすい。	雨が少なくて水はけがよい土地なので、部屋の中に水が入ることがない。家族がふえると横にあなをほって新しく作る。羊や山羊の部屋もある。中庭に野菜畑がある。

（学習シートの使い方：ゴシックの文字は印刷しておきます。仕上げたシートの例です。）

第7時 チュニジアの人々の生活について、問いと答えの文を作ろう

■分かることから問いを作る

本文を読んだ後で、質問文作りをします。まず、絵や図の情報を読み取り、言葉にします。絵を見て、どんなことが分かるかを話し合います。

・井戸は外にあります。
・畑があります。
・パンを焼きます、など。

これらを「答え」とするにはどんな問いを作ればよいかを話し合います。

■広い問いを考える

たとえば「井戸は外にあります」が答えとすると、「問い」は次のようなものが出てくるでしょう。

・井戸はどこにありますか。
・水はどこで手に入れますか。

「井戸はどこにありますか」の問いでは、答えが「外にあります」ですんでしまいますが、「水はどこで手に入れますか」は、「井戸でくみます」「井戸は外にあります」などいくつもの関連する内容が答えとなります。

さらに「飲み水はどのようにしていますか」という問いだと「外の井戸でくんできて、かめに入れておく」という答えになるでしょう。

子どもたちには、「水はどこで手に入れますか」のような少し広い問いを作ることのよさに気付かせます。

主な言語活動

・チュニジアの人々のくらしについて問いの文と答えの文を書く。

■答えの文章を説明風に書く

問いの文に合わせて、本文の言葉と絵の情報とつなげたりして構成し、答えを書きます。

問い 部屋はどうなっていますか。
答え 部屋はあなのそこを横にほった「よこあな」です。羊やヤギのへやもこのようになっています。家族がふえるとまた横にあなをあけるのです。

問い どんなものを食べていますか。
答え 食べ物はパンや野菜です。パンは、小麦やモロコシの米をひいて焼いたものです。

いずれも、文は短めにして、三つぐらいの文で説明するようにします。

第8時 セネガルの家のつくりについて考えよう

〈屋根がさかさま――セネガル〉

■場所を読み取る

「どこですか。どんな場所ですか」

・セネガルのエルバリン村です。

・大きな川が海に流れ出るあたりです。

表に絵とことばで書き込んでいきます。

■家の特徴をつかみ書き出す

「ここでは家のどこが特徴があるのですか」

・屋根です。

・屋根という言葉が三回も出てきます。

屋根について書いてある三つの文に線を引いて確認します。

「屋根はどんな特徴があるのか、表に書き出しましょう」

書き出したら（表参照）確認してから聞きます。

「これらは、三つの観点のうちのどれに当りますか。上に書いてみましょう」（表参照）

こうして一般的な言葉でまとめます。

最後に表のはじめにある（　）の中にセネガルの家の特徴を一文で書きこみます。

・雨水を集める屋根のある家

・屋根がじょうごの形の家

なぜこういう文にしたのかその理由も話しながら交流します。

■人々の暮らしを考える

「この土地の人々にとって、とても大切なのはなんですか。この屋根のことから考えてください。」

・水です。だから屋根で集めているのです。

・海が近いので井戸水はしょっぱくて飲めません。

・水がないと生きていけないからです。

飲み水のためにこうしているのですね。

■屋根の作りと役割を説明文に書く

表の三つの観点を見ながら、セネガルの屋根についての説明文をノートに書きます。

・屋根はわらでできています。じょうごのような形をしていて雨水を集めるようにできています。

主な言語活動

・三つの観点で学習シートにまとめる。

・短い言葉で特徴をまとめる。

【板書例】

セネガル

①土地のざいりょう

②気候にあった

③人々のくらしに便利・作り

《特ちょう》

・雨水を集める屋根のある家

・屋根がじょうごの形

・わらとマングローブでできている家

・水はけがよい。

・部屋をかんたんにふやせる

【学習シート例】

国名　セネガル（雨水を集める屋根がある　）**家**

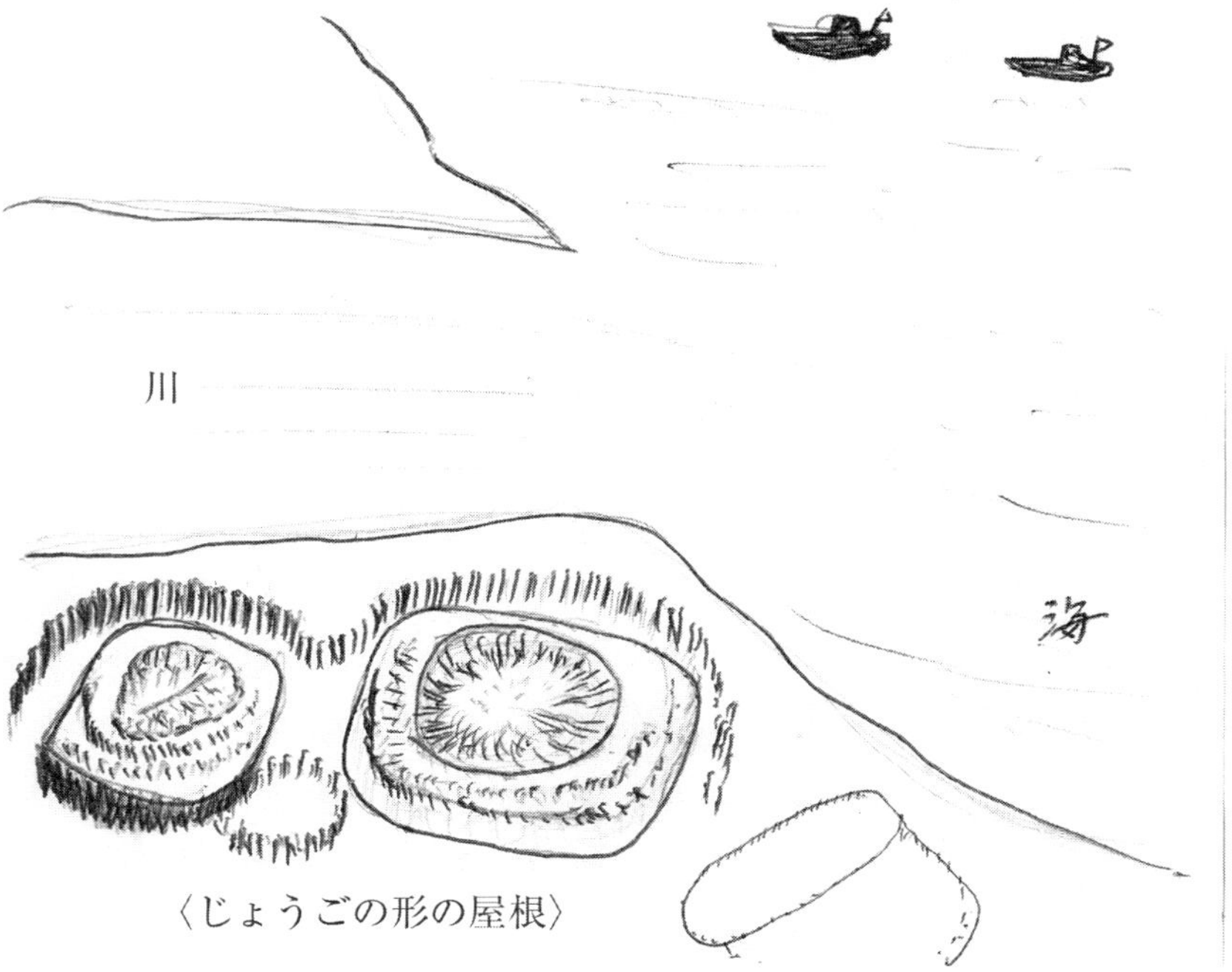

※このように地図を入れて描いてもよい。

場　所（大きな川が海に注ぐ所の近くにある。）		**土地の気候**	**人々のくらし**
家の形	**地元の材料**		
じょうごの形の屋根	屋根はわらで作り、近くにたくさんはえているマングローブのみきで支える。	暑い。	田で米を作ったり、川で魚や貝をとったりして生活している。いどをほっても、しおからい水しか出ないため、屋根で雨水を家の中に取りこんで、飲み水として利用している。

（学習シートの使い方：ゴシックの文字は印刷しておきます。仕上げたシートの例です。）

第9時 セネガルの人々の生活を説明しよう

■絵の情報を確認する

第七時の「問いと答え」を少し発展させて、本文と絵から分かることを、「答え」とした「問い」作りをします。

本文から分かることは表に抜き出してあるので、まず、それを確認します。

次に絵から分かることを話し合います。

・カキのスープを飲んでいる
↓食べ物のこと
・うすときね
↓道具のこと、食べ物のつくり方のこと
・魚をとるかご
↓道具のこと、食べ物のこと

列挙しながらそれが暮らしの中のどんなことにあたるのか関連付け、一般化をしていきます。それが質問項目（何のことをきくか）になります。

■関連・発展を考え、相手の反応も予想して質問をつくる

これらの「分かること」を引き出す質問を考えます。

「『カキのスープを飲んでいます』という答えを引き出すには、どんな質問が考えられますか」

・どんな物を食べていますか。
・食料にはどんな物がありますか。
・スープの材料は何ですか

前の二つは広い問いです。答えがいくつも考えられます。

ここで、第7時の「説明文」の書き方も関連付けて、大きいところ、広いところから先に問いを作っていくとよいことに気付かせます。

答えを予想していくことで、関連した問いができることを伝えていきます。

インタビューは相手の反応を受けて対話を続けることが大切です。そうすることで「なぜ」という問いは発展、深める問いであることにも気付きます。

〈例〉

屋根はどんな形ですか
↓ 答え
なぜ、そうなっているのですか。
↓ 答え

このように続くことを予想して書いていきます。

主な言語活動

・インタビュアーに質問と予想される答えを書く。

【インタビューカード例】

項目（　食べ物について　）

なまえ（山田　みさき）

わたしは（　山田　）といいます。今日はセネガルの人々の（　食べ物　）について、お聞かせください。

○セネガルの人々は（どんなものを食べているの）ですか。（何を）

予想される答え（　カキなどです。　）

・そうですか、わたしたちと似ていますね。ところで

・カキはどんなところでとるのですか。（場所）

予想される答え（　家の柱になっているマングローブの根っこにいるところをとります。　）

・家の中でとれるなんて、とても便利ですね。おもしろいですね。それでどんなふうにして食べるのですか。（どうやって）

予想される答え（　スープにします。　）

○他にはどんなものを食べているのですか。

予想される答え（　米とか魚です。　）

・田んぼがあるのですね。コメ作りについてはまた次回にでもお聞かせください。

今日は、ありがとうございました。

いろいろお聞かせくださってありがとうございました。

※太字は中心の質問です。・は、関連、発展として予想される質問です。

◇山田さんの質問は、「食べ物」からはずれていません。
このことに気付かせてから、このインタビューカード作りをするとよいでしょう。

第10時 興味をもった家について説明しよう

主な言語活動

・興味をもった家について、材料や気候、暮らしを関連付けて話す。

■興味をもった家についてメモをもとに説明する

はじめに三つの観点を確認します。

①家の材料
②家のつくりと気候
③家のつくりと人々のくらし

この三つは互いに関連しています。それをつかんで説明することがここでのねらいです。そこで、次のようなメモを示します。

〈モンゴル〉
「家のつくりとくらし」
移動できる家・ゲル
なぜ ↑
羊や馬を育てるため。

このメモでは、二つの観点の関係が分かる題が付いています。これが説明のポイントになります。このメモを見て説明するのです。ほかには、「家のつくりと材料（土地のようす）」「家のつくりと気候」などが出されるでしょう。

■説明し合う

グループになって、「わたしの興味をもった家」を発表します。

先のメモでは、次のようになるでしょう。

・わたしはモンゴルの家にきょうみをもちました。モンゴルの家はゲルといって、組み立てができるようになっています。それは羊や馬の食べる草がなくなるとほかのところに引っこしが楽にできるためです。羊や馬を自然の中で育てるためのくふうですね。

理由の述べ方に注目させ、どんな説明のしかたができたかを話し合うのもよいでしょう。

【板書例】

それは○○○のためです。
それは○○○だからです。
そのよさは○○○にあります。
なぜかというと……です。
このような場合には○○できます。

第11時　日本の家のつくりを説明する文章を書こう

主な言語活動

・家のつくりについて、土地の条件や気候と結び付けて説明する文章を書く。

■竹富島の家のつくりについて話し合う

日本の家のつくりを説明する文章を書くとき、必ずしも三つの条件（観点）を網羅する必要はありません。大切なのは、「家のつくり」を自然条件や人々の暮らしとつなげて表現することです。

竹富島の写真を見ながら、視角情報を言葉に置きかえます。

・南の島の家（沖縄県）→位置、場所
・大きな平たい屋根、かわら（風に強い）→家のつくり
・石がき……風をふせぐ、サンゴの石（地元の材料）→家のつくり、材料
・台風が多い（グラフで示すとよい）→気候

写真だけでは分からないところは補ったり子どもから出させたりして、整理、板書していきます。→のようにそれが何に当たるのかも話し合いで明らかにしておきます。

■家のつくりについて関連付けて説明文を書く

すでに学習していることを生かします。

◆構成
○まず大きなところから書く。竹富島の位置
○家のつくり、ようす
○そのわけ
・気候、材料

◆文末表現と文のつながり方

説明文のときの掲示物を再度示します。

○家のつくりの文章表現
……があります。
……となっています。
……でできています。

◆その他
○理由の述べ方

ここでは「理由の述べ方」の例に加えて少し複雑な説明のしかたも例示します。

・それは……なので……するために……となっているのです。
・なぜかというと……なので……しているのです。

沖縄の竹富島の家の屋根は平べったくて、かわらがしきつめてあります。それは台風から家を守るためです。また、サンゴでできた石を家のまわりにつんで強い風を防ぐようにしています。

（今井　成司）
（林　真由美）

コラム

筆者のメッセージを読む

人がいて家がある

「筆者の小松義夫さんは、なぜ、世界中の家の写真をたくさん撮ってきたのでしょうか」

三つの観点で世界の家を説明したいからでしょうか。そうではありません。冒頭の文がそれを教えてくれます。

「人がいて家があるという風景をたくさん写真にとってきました。」

何気ない文ですが、筆者が一番伝えたいメッセージは、ここにあると思います。地球上のいたるところに、違う土地があり、違う気候があり、人々はそこで家を作り、生きています。

それが「人がいて、家がある風景です」。「風土と暮らし」です。その土地土地での人々の営みが、家の作りに集約されているのです。筆者はそこに感動したから、世界中を歩いて、家の写真を撮り続けたのでしょう。

人間て、素晴らしい、こんなふうに生きているのだ。

ということを筆者は「家の写真」を通して伝えたいのです。

そうであるならば、この説明文を単に、三つの観点で読み、あるいは説明することを超えて、

面白いなあ、工夫しているなあ、家族は、助け合っているなあ、身の回りの生き物も大事だなあ。人間てすごいなあ。

こんな感想が出てくる読みであってほしいと私は思います。授業の中では、そういう声を大事にしたいと思います。

そこで、本提案でも、三つの観点での読み取りが終わった次の時間では、その土地、その家に住む人々の暮らしや願いを想像して、話し合ったり感想を書いたりする学習を設定したのです。「それが人がいて家がある風景」、一筆者の思い一を読むことにつながるからです。(今)

III

言語活動・言語事項

子どもが生きる
ことばが活きる

1　日本語の真ん中は、「さ・し・す・せ・そ」

国語辞典で遊ぼう

「国語辞典の使い方」光村3年上ほか関連

●**ねらい**
国語辞典に興味を持つ。引き方を知る

●**指導時間（目安）**
教科書関連、1時間（目安）

■クイズで遊ぼう

国語辞典は言葉の情報の宝庫です。ただ、「わからない言葉の意味を調べる」というだけではもったいない。クイズやゲームで楽しみながら、国語辞典に親しみ、言葉について考える機会にします。

■一番初めの言葉は何でしょう

板書用の五十音表を用意します。

子どもたちには、一冊ずつ『小学国語辞典』（三省堂）を持たせました。

「国語辞典のクイズです。この辞典の最初に出てくる言葉はなんでしょうか」

中を見ないで予想します。

・「あ」かな。
・「ああ」かな。

黒板に貼ってある五十音表を見ながら言っている子どももいます。

「じゃあ、調べてみましょう」

調べると、すぐに声が出て、にぎやかになります。

・「あ」だよ。
・やっぱり。

子どもたちはうれしそうです。そこで、どんな意味かを、書かれている通りに読みます。

あ（感動）ふと気がついたり、おどろいたりしたときに、おもわず出すことば。 （例）あ、そうだったのか。あ、びっくりした。

「さっき、言葉を見つけた時。『あっ、あった』と言った人いたよね、あの『あ』だね。感動した時の言葉だね。この国語辞典は、『あ』で始まっているね」と五十音表を示しながら言います。

■一番最後の言葉はなんでしょう

「では、次の問題です。いちばん最後は、どんな言葉でしょう」

子どもたちは、五十音表に目が行きます。

・「わん」だと思います。

「なかなかいい感覚ですね。では、どうでしょうか」

・あっ、違った。
・「ん」だって。
・先生、「ん」は言葉ですか。

「そこを見れば分かるでしょう」

また、読ませます。辞典によっては、「ん」ではない違う言葉が最後にくることもあります。

・「あ」という言葉から始まって、「ん」で終わるんだ。

■真ん中の頁はどんな言葉だろうか

「この辞典の真ん中には、この五十音の、何で始まる言葉があるでしょうか」

三つ目の問題に入ります。ここでは、子どもたちは五十音表を見て考えます。

・「ぬ」で始まる言葉だと思います。

「『沼』というような言葉ですね」

・だって、あいうえお表の真ん中が『なにぬねの』でしょう。その真ん中が『ぬ』の字だから。

・私は「ね」で始まる言葉と思います。

真ん中の頁は、前もって計算をしておいて、教えます。開けるのにかなり時間がかかる子どももいます。開けて、

・「せ」だあ。

子どもたちはびっくりします。何しろ五十音表の三列目の文字です。真ん中よりもずっと前の文字なのです

「実は先生も調べる前は、『たちつてと』の『て』かなと予想しました。せんせいも違っていました。日本語の真ん中は『なにぬねの』ではなく『さしすせそ』なのですね」

と言って五十音表を指します。

■一番多いのは何行の言葉でしょうか

「では、最後の問題です。この辞典の中にある言葉は、五十音表のどの列・行の言葉が多いでしょうか」

「『あいうえお』で始まる言葉、『朝』とか『犬』とか『海』のような言葉が、『あいうえお』で始まる言葉ですね。『かきくけこ』で始まるのは、『傘』『汽車』『雲』のような言葉」……

わ行の言葉まで説明します。

・あ行が多いと思います。わけは……。

・か行が多いと思います。わけは……。

・ま行が多い。わけは……。

中には、「教室、黒板、傘、くつ」などと言って「身の回りに多いから、か行」という子もいます。

「では、……」と言って、辞典の「つめ」（はらのインデックス）を見せます。

「ここを見てください。あ、か、さ、た、なという字があってそこが黒い帯になっているでしょう」

・「か」のところが幅が多い。

・「さ」のところも多い。

・「ら」は少ない。

大騒ぎになります。ここで、日本語では、言葉が、「かきくけこ」と「さしすせそ」で始まるものが多いことに気付きます。なぜ多いのかは、高学年で調べさせることにしています。

そうして、言葉を調べるときには、この「つめ」（インデックス）のところを見て開けると早く見つかることを知らせます。

このあとは、時間があれば、「早引き競争」をします。指定された言葉のところを早く開けるだけの競争です。意味調べはしないで、開けるだけにします。これはとなりどうしで、ときどき五分間ぐらい取ってやってもよいでしょう。

（今井　成司）

国語事典 早引き練習 1

名前（　　　　　　　　）

次の言葉を国語辞典で見つけて、カッコにページを書きましょう。
意味は調べません。ページを書いたら、次へ進みます。

（　）月（　）日　1回目　時間は3分です。

1、学校（　　）
2、友達（　　）
3、先生（　　）
4、ほご色（保護色）（　　）
5、ぼうくうごう（　　）
6、わらじ（　　）
7、道しるべ（　　）
8、いろは歌（　　）

結果（　　　）番まで引けた。

※線から上は折り曲げて見ないようにしましょう。

国語事典 早引き練習 1

名前（　　　　　　　　）

次の言葉を国語辞典で見つけて、カッコにページを書きましょう。
意味は調べません。ページを書いたら、次へ進みます。

（　）月（　）日　2回目　時間は3分です。

1、学校（　　）
2、友達（　　）
3、先生（　　）
4、ほご色（保護色）（　　）
5、ぼうくうごう（　　）
6、わらじ（　　）
7、道しるべ（　　）
8、いろは歌（　　）

結果（　　　）番まで引けた。1回目と比べて速くなりましたか。

国語事典 早引き練習 2

名前（　　　　　）

4分間でいくつ引けるかな。カッコに見つけたページを書いたら次へ進む。

（　）月（　）日　**1回目**

1、つましい（　　）（　　）
2、むらがる（　　）（　　）
3、くつがえる（　　）（　　）
4、しみじみ（　　）（　　）
5、かんきょう（環境）（　　）（　　）
6、ようりょう（要領）（　　）（　　）
7、センス（　　）（　　）
8、合格（　　）（　　）
9、じょうじゅ（成就）（　　）（　　）
10、国語辞典（　　）（　　）

結果（　　　）番まで引けた。

7までできた。センスがいいね。8までできた。合格です。9までできた。成就です。10で卒業。

※線から上は折り曲げて見ないようにしましょう。

国語事典 早引き練習 2

名前（　　　　　）

4分間でいくつ引けるかな。カッコに見つけたページを書いたら次へ進む。

（　）月（　）日　**2回目**

1、つましい（　　）（　　）
2、むらがる（　　）（　　）
3、くつがえる（　　）（　　）
4、しみじみ（　　）（　　）
5、かんきょう（環境）（　　）（　　）
6、ようりょう（要領）（　　）（　　）
7、センス（　　）（　　）
8、合格（　　）（　　）
9、じょうじゅ（成就）（　　）（　　）
10、国語辞典（　　）（　　）

結果（　　　）番まで引けた。

7までできた。センスがいいね。8までできた。合格です。9までできた。成就です。10で卒業。

2　辞書を使って楽しく言葉を増やす

俳句には季節を表す季語があり、『歳時記』としてまとめられています。季節を感じながら漢字の音訓の使い分けをし、語彙を増やしながら使えるようにする楽しい学習です。

●ねらい
辞書を使って語彙を増やし、お話を作りながら楽しく使えるようにする。

●指導時間　2時間

準備して置くもの
・B4の画用紙に左のように予め印刷しておきます。字は、濃く太く書くようにします。

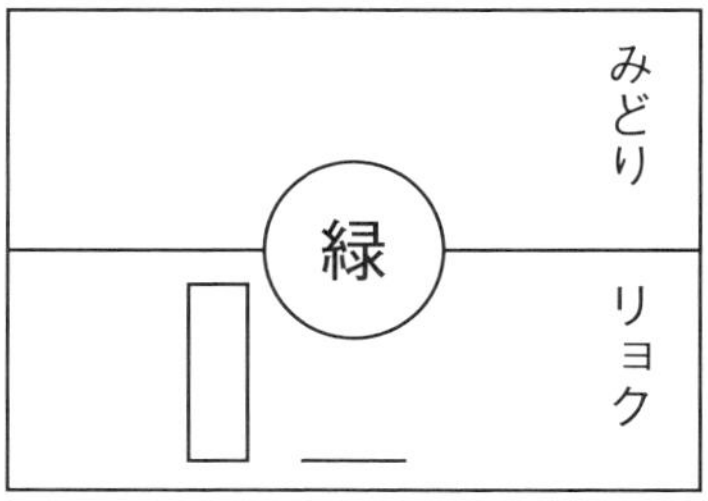

■「緑（みどり）」として読まれる言葉を見つけて書く。

まず、訓読み「みどり」の言葉を自分で見つけます。普段使われている言葉がたくさんあります。ペアーで話し合いをしながら進めてもよいでしょう。ていねいに書くように声をかけます。

深緑《ふかみどり》、黄緑《きみどり》など、読み間違いやすい言葉には読み仮名を付けるようにします。

■「緑（リョク）」として使われる言葉（熟語）を見つけて書く。

たくさんの熟語があります。辞書をただ丸写ししてしまうようなことを避けるために、辞書に書かれている意味をよく読み、自分で書かれていることが分かる熟語を選んで書くようにします。読めない熟語には読み仮名を付けておきます。書き終わった後はペアーで声に出して読み合います。友達が書いた言葉を書き加えてもよいでしょう。

■書いた言葉を使って短いお話を作る

言葉の使い方が分かるように、紙に書いた言葉を使って「起承転結」のある短い話を作ります。どんな話か、まず「題」を決めます。次に、どの言葉を使うかを決めます。使う言葉は、慣れないうちは一つか二つでもよいのですが、作り慣れてきたら三つ、四つと増やしていきます。「どんどんバージョンアップしていきますよ」と声をかけると意欲的に文作りをするようになります。次頁に挙げた例では、緑色、深緑、黄緑、緑茶の四つの言葉を使って書いています。

書き終わったら余白に言葉に関する絵を描きます。

できれば月に一度ずつ、その季節に関する「言葉」を選んで季節感が出るようにします。

教室の掲示板に「言葉の歳時記」コーナーを設けて常設するようにします。

【緑を使った例】

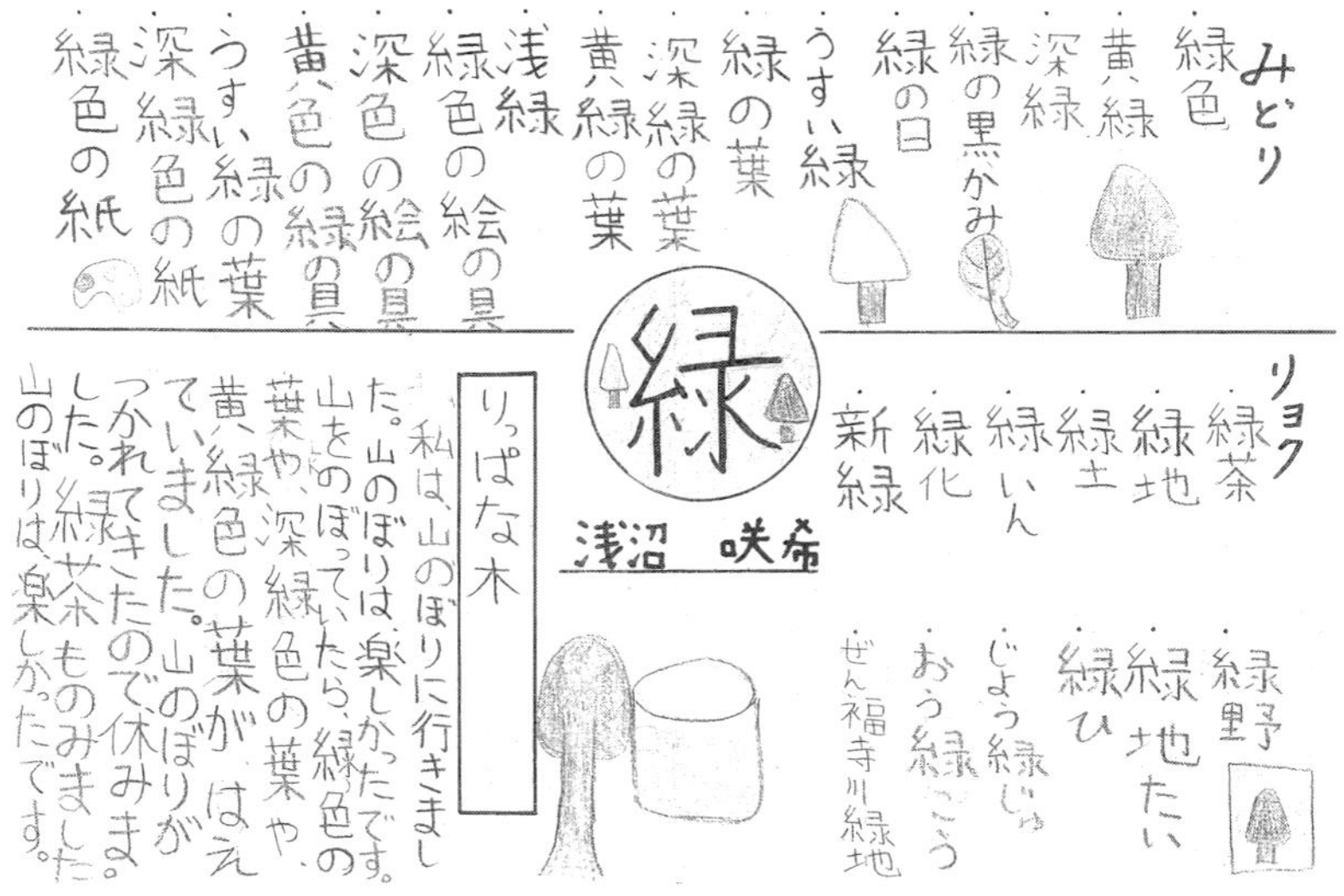
みどり
緑色
黄緑
深緑
緑の黒かみ
緑の日
うすい緑
緑の葉
深緑の葉
黄緑の葉
浅緑
緑色の絵の具
深色の絵の具
黄色の絵の具
うすい緑の葉
深緑色の紙
緑色の紙

緑

浅沼　咲希

リョク
緑茶
緑地
緑土
緑いん
緑化
新緑
緑野
緑地たい
緑ひ
じょう緑じゅ
おう緑こう
ぜん福寺川緑地

りっぱな木
私は、山のぼりに行きました。山のぼりは楽しかったです。山をのぼっていたら、緑色の葉や、黄緑色の葉や、深緑色の葉がはえていました。山のぼりがつかれてきたので休みました。緑茶ものみました。山のぼりは、楽しかったです。

【星を使った例】

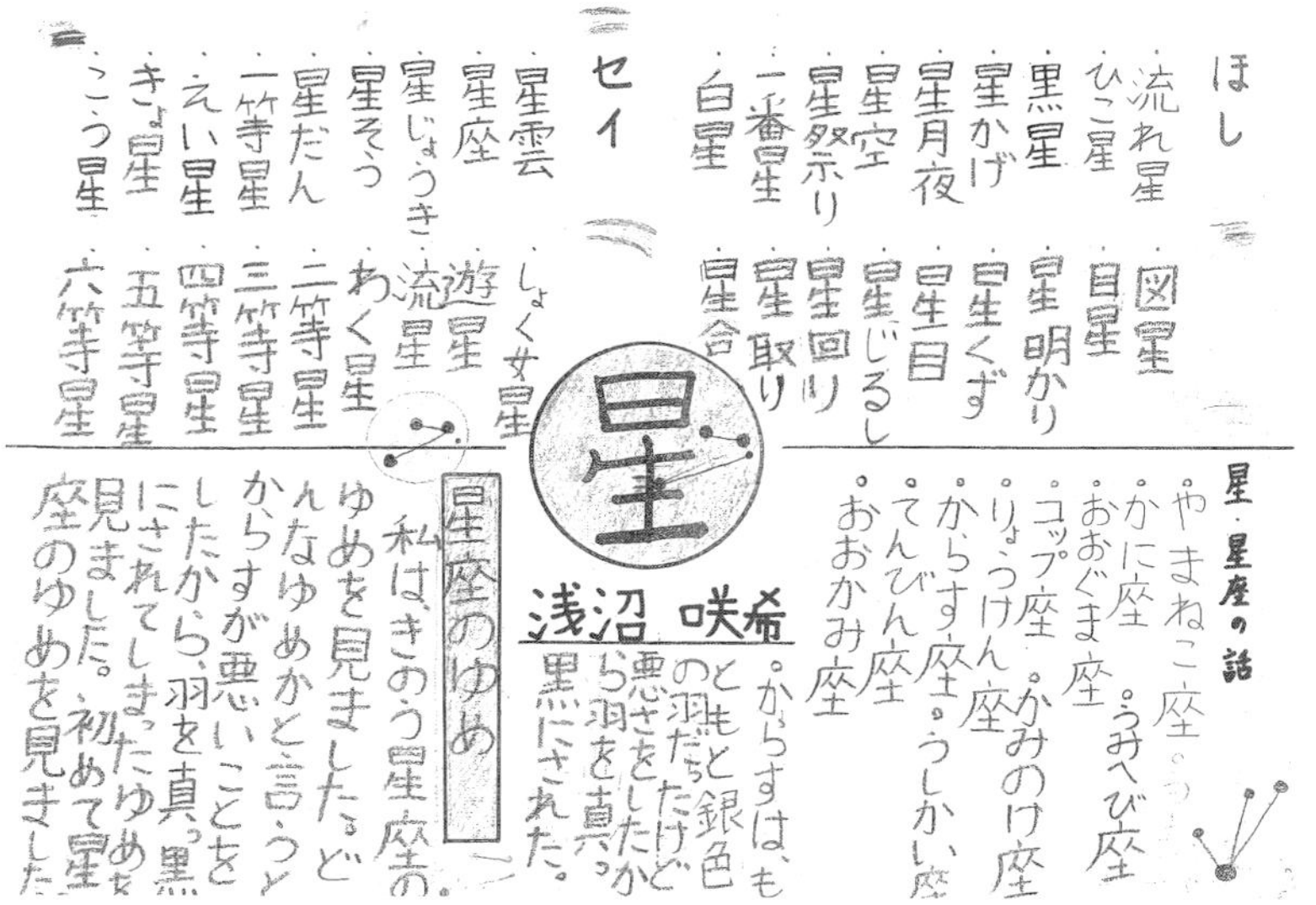
ほし
流れ星
ひこ星
黒星
星かげ
星月夜
星空
星祭り
一番星
白星
図星
目星
星明かり
星くず
星目
星じるし
星回り
星取り
星合

セイ
星雲
星座
星じょうき
星そう
星だん
一等星
えい星
きょ星
こう星
しょく女星
遊星
流星
わく星
二等星
三等星
四等星
五等星
六等星

星

浅沼　咲希

星・星座の話
・やまねこ座。
・かに座　うみへび座
・おおぐま座
・コップ座・かみのけ座
・りょうけん座
・からす座・うしかい座
・てんびん座
・おおかみ座
・からすは、もとは銀色の羽だったけど悪さをしたから羽を真っ黒にされた。

星座のゆめ
私は、きのう星座のゆめを見ました。どんなゆめかと言うと、からすが悪いことをしたから、羽を真っ黒にされてしまったゆめを見ました。初めて星座のゆめを見ました。

【寒を使った例】

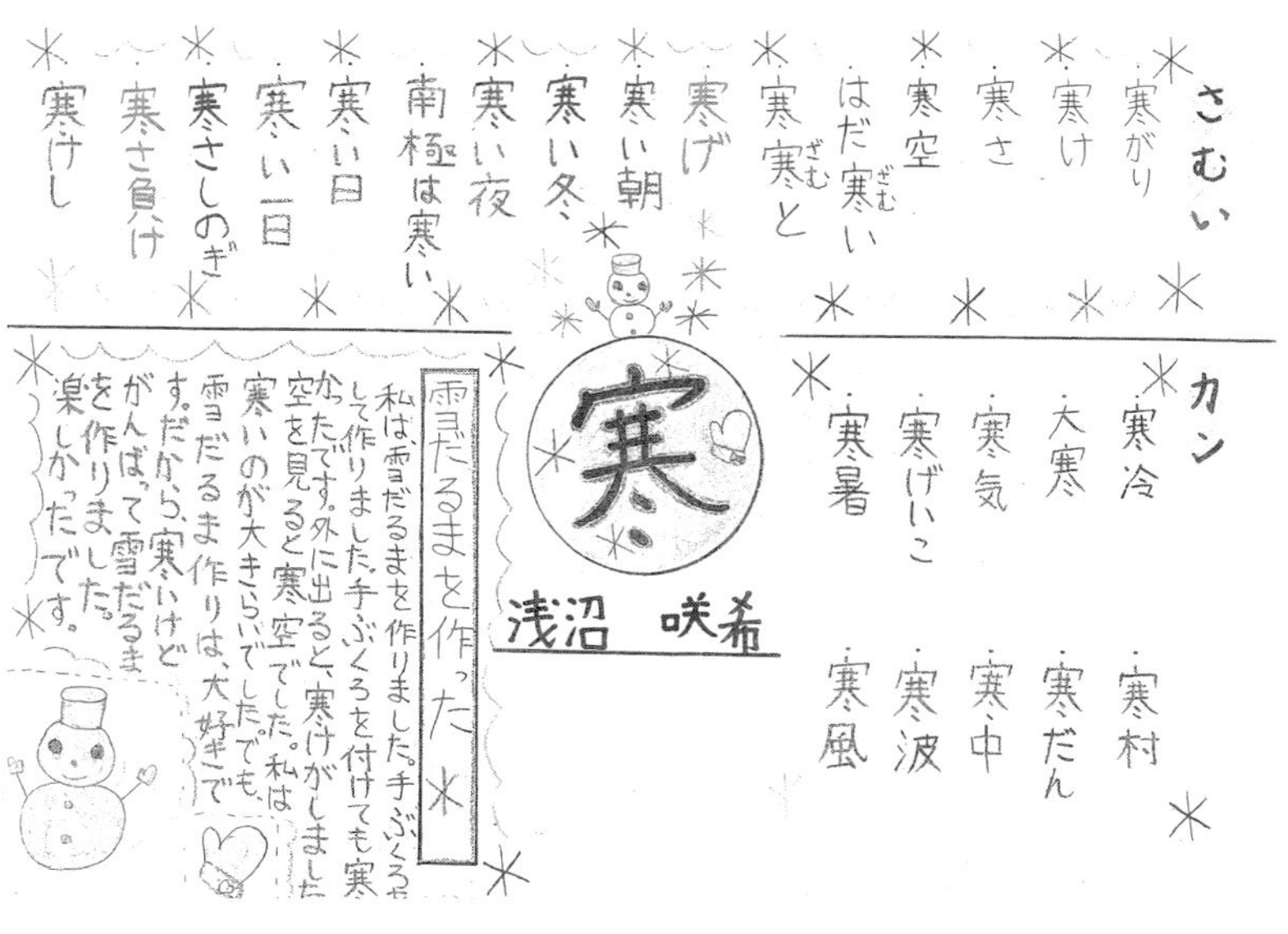
さむい
寒がり
寒け
寒さ
寒空
はだ寒《ざむ》い
寒寒《ざむ》と
寒げ
寒い朝
寒い冬
寒い夜
南極は寒い
寒い日
寒い一日
寒さしのぎ
寒さ負け
寒けし

カン
寒冷
大寒
寒気
寒げいこ
寒暑
寒村
寒だん
寒中
寒波
寒風

寒

浅沼　咲希

雪だるまを作った
私は雪だるまを作りました。手ぶくろをして作りました。手ぶくろを付けても寒かったです。外に出ると、寒けがしました。空を見ると寒空でした。でも、寒いのが大きらいでした。私は雪だるま作りは、大好きです。だから、寒いけどがんばって雪だるまを作りました。楽しかったです。

（林　真由美）

3　情景を思い浮かべ、リズムを感じ取りながら音読する

俳句に親しもう

［春の句］　第1時　声に出して読もう

■俳句で知っていることを話し合う

今までに聞いたことがある俳句や俳句のことで知っていることを出し合います。

・松尾芭蕉って知っています。
・「閑かさや岩にしみいる蝉の声」を聞いたことがあります。
・俳句は、五・七・五です。

子どもたちは知っていることを喜んで話します。

次の春を詠んだ三句をカードに書いて見せます。俳句は一句二句と数えることも教えます。

■声に出して読む

> 雪とけて村いっぱいの子どもかな　小林一茶
> 菜の花や月は東に日は西に　与謝蕪村
> 古池や蛙とびこむ水の音　松尾芭蕉

三句をゆっくり範読します。作者名も読みます。句をきれいな色の付いた紙に書いて黒板に貼ると効果的です。

声に出して、はっきりと何回も音読します。音読しているうちに暗唱してしまいます。教師が「雪とけて」と読み、子どもが続けて「村いっぱいの子どもかな」と読むなど読み方を工夫してもよいでしょう。

●ねらい

俳句の情景を思いうかべ、リズムを感じとりながら音読する。

●指導時間（目安）

10時間（春3時間、夏2時間、秋3時間、冬2時間）

■感じたことを話し合う

音読した後は、読んで感じたことを自由に出し合います。

・景色が想像できます。
・短い言葉なのに様子が伝わってきます。
・詩みたいです。
・春のことです。

■三句に共通することを話し合う

「この三句に何か共通することがありますか」

どんなことに気付きましたか

ペアーやグループで話し合い、学級全体でまとめていきます。

出された意見をカテゴリーごと（景色・音・色などの情景、様子や季節）に板書して、

整理していきます。

・どの句も春の景色が想像できる。
・五・七・五の三つに区切られる。
・十七の文字しかない。
・きれいだな、うれしいなと思っていることが伝わってくる。

こんなことが話し合われます。そこで、俳句にはきまりがあることを伝えます。

〜俳句のきまり〜

①心にいちばん強く思ったことを書く。
②季節は春。季節を必ず入れる。「季語」という。季節の様子を表現している。
③五・七・五の三つに区切れる。
※切字……「や」「かな」「けり」など作者の詠嘆を表し、一句に一つと限られている。

雪とけて村いっぱいの子どもかな　小林一茶

■句を読んで、情景や様子を話し合う

「一茶は、何を心に強く感じ取ったのだと思いますか」と発問して一茶が何を心に強く感じてこの句を詠んだのかを考えます。

・雪がとけて、子どもたちが遊べるようになってよかったな。
・雪がとけたから、子どもたちはこれからたくさん外で遊べるよ。
・一茶は子どもが大好きなのかな。
・一茶も雪がとけて春がきたからうれしいと思っている。

話し合いながら句のイメージを広げていきます。

【ノート例】

春

雪とけて　村いっぱいの　子どもかな

小林一茶

雪がやっととけはじめ、春になりました。雪に閉じ込められて遊べなかった子どもたちはどんなにうれしいことでしょう。わたしも、春が来てうれしそうに遊ぶ子どもを見るのが大好きです。

子どもたちは「雪」の言葉に反応して、「雪」だから「冬」と考えることもあります。そこで、俳句には『歳時記』があって、季節が決められていることを補説します。『歳時記』を実際に見せるとよいでしょう。

子どもたちだけでは想像できないことがあります。

「一茶は長野県の柏原という雪が大変多い豪雪地帯に住んでいました。今の野尻湖の近くです。雪国の子どもたちが忍耐強く冬を過ごし、どんなに春を待ち望んでいるか」について話すと、さらに句の意味が深まります。

最後に、はじめに読んだ読み方と今の読み方と比べます。どのように読み方が違ったのか、意識させましょう。

第2時　俳句を読もう

菜の花や月は東に日は西に　与謝蕪村

■音読してから情景を想像する

何回も音読してから句をノートに書きます。

「この句を読んでどんなことを感じますか」

・明るい感じがします。
・菜の花がたくさんさいていてきれいです。
・月が出ていて、日も出ているって何かなと思います。
・太陽は東からのぼるのに、何で月が東にというのかな。

自由に話し合いをしてから、季節や時間、情景を考えていきます。

「どんな景色が浮かびますか」

・春で菜の花がいっぱい咲いています。
・日が西ということは夕方のことだからだんだん暗くなっていく。
・夕方に月が東から出ている。
・夕焼けがきれいです。
・日が西ということは、太陽が沈むということ。

これから日が沈んで夜を迎えることに気付きます。太陽が沈むころに月がのぼるのは満月しかないことを説明します。夕焼けの太陽が西に沈むころ、東の空から明るい月がのぼってくる雄大な景色を想像させます。

「空はどんな色ですか」

・西は夕焼けで、東は月の光で黄色くて明るい。
・空全体は暗いけど、明るい。

「この他には、どんな景色が見えますか」

・一面菜の花畑ですが、遠くに山が見えます。
・畑で働いていた人が家に帰る様子です。
・畑が広くてずっと菜の花が咲いています。

書かれてはいなくても想像できる自由な発言です。聞こえてくる音も想像させてもいいでしょう。

「どんな音が聞こえますか」

・カラスの鳴き声が聞こえます。
・静かでほとんど声が聞こえません。
・風の音がかすかに聞こえます。

見える景色、音、色など情景を話し合います。

■蕪村が強く心に感動したことを話し合う

「蕪村はどんなことを強く心に感じとったのだと思いますか」

・きれいな菜の花の景色に感動した。
・空の広さと空の美しさ
・月と太陽が一緒に空に出る不思議さ

菜の花畑が広がっている、その美しさが、大きな月と、今、沈もうとする太陽とのコントラストの中で際立ちます。蕪村は俳人でもありますが、画家としても活躍した人です。画家としての感性が句に生きています。

■情景を絵に描く

話し合ったことをもとにして絵を描きます。色鉛筆で色をつけると、色彩があってきれいです。満月と太陽の位置を決めたら、自由に思い描かせます。

（※171頁のコラム参照）

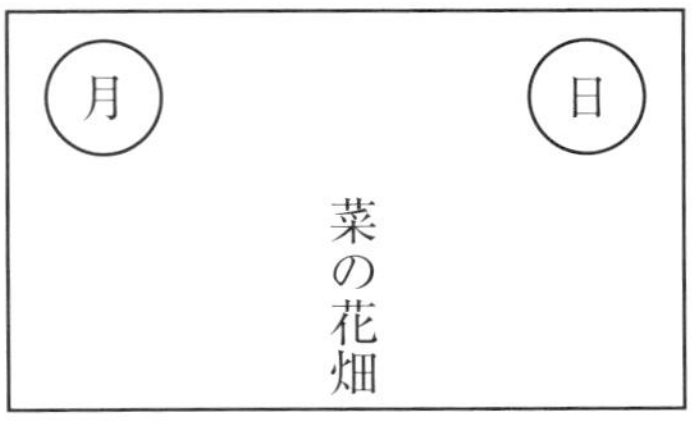

第3時　俳句を読んで紹介しよう

古池や蛙とびこむ水の音　　松尾芭蕉

■句を読んで想像したことを書く

季語 季節	かわず＝かえる（春）
景色	かえるが一ぴき古い池の中にとびこんだ。
音	ポチャン
色	黄緑色のかえる、池のこい緑
芭蕉が感動したこと	小さなかえるがポチャンと池にとびこむ音が聞こえるくらい静かな池
句を読んだ感想	池にかえるがとびこむことはふつうのことなのに、ふつうのことに感動した芭蕉におどろいた。

句を音読して上のように自分で想像したことを書いていきます。

■書いた内容をもとに話し合う

書いたことを基にして自由に話し合ってから、次のような視点で話し合いをします。

「『古池』とは、どのような池を想像しますか」

子どもたちは経験の中から、行ったことがある公園の池や近くにある神社や寺の池を思い起こすと思います。「古い池」とはどんなところにあるのか、どのような池なのか考えさせます。

・お寺にある昔の小さい池
・〇〇公園にある池
・緑色の池で池の周りに花が咲いている写真を見せてもよいでしょう。

「かわずは、どのようなかえるのことでしょう。大きさは大きいですか。小さいですか」

・あまがえるで小さい。
・「とびこむ」だから小さいかえる。
・「ドボン」という音だったらあまり感動しなかったかも知れない。

「どんな音がしますか」

・かえるが小さいから「ポチャン」「ポツン」

「水の音は何回ぐらい聞こえたのでしょう」

・芭蕉が音に驚いたのだから一回。
・何回か聞こえた。

「芭蕉はどんなことに感動したのでしょう」

・池のそばで考え事をしていたら、突然かえるが池に飛び込んだ音がしたからびっくりした。
・静かでだれもいないと思っていたのに、すぐそばにかえるがいたから驚いた。

このようにして、いろいろな情景を想像して話し合いをします。

今まで一人では見えなかった景色や聞こえなかった音が聞こえてきて想像がふくらみます。

たった十七文字に書き表された俳句のもつ言葉の豊かさを感じとっていきます。

■春の句を読み、気に入った句を紹介する

春の句を捜してたくさん読みます。図書館で探したり家から持ってきたりします。俳句の本には、季節ごとに取り上げられているも

のが多いので読みやすくなっています。きれいな色の短冊に一人一句書いて読み上げます。

ゆさゆさと　大枝ゆるる　桜かな
村上鬼城

山路来て　何やらゆかし　すみれ草
松尾芭蕉

遠足の　女教師に　ふれたがる
山口誓子

梅が香や　どなたが来ても　欠け茶碗
小林一茶

梅が香の　立ちのぼりてや　月のかさ
与謝蕪村

☆　読んでみましょう

たくさんの句を読んでみましょう。

【夏の句】

夏草やつわものどもが　夢のあと　松尾芭蕉

もらひ来る　茶わんの中の　金魚かな　内藤鳴雪

梅雨晴れや　ところどころに　蟻の道　正岡子規

分け入っても　分け入っても　青い山　種田山頭火

白ぼたんというといえども紅ほのか　高浜虚子

【秋の句】

名月や　池をめぐりて　夜もすがら　松尾芭蕉

この道や　行く人なしに　秋の暮れ　松尾芭蕉

あかあかと　日はつれなくも　秋の風　松尾芭蕉

桐一葉　日当たりながら　落ちにけり　高浜虚子

歩きつづける　彼岸花　咲きつづける　種田山頭火

をりとりて　はらりとおもき
すすきかな　飯田蛇笏

【冬の句】

梅一輪　一りんほどの　あたたかさ　服部嵐雪

いくたびも　雪の深さを　尋ねけり　正岡子規

大根引き　大根で道を　教えけり　小林一茶

旅に病んで　夢は枯野を　かけめぐる　松尾芭蕉

咳をしても　一人　尾崎放哉

第4時　春の俳句を作る

■春の美しいものや春らしいことを話し合う

「春にどんなことで心が動きましたか」

・桜が咲くときれいだなと思います。
・一年生が入学したときかわいいなと思います。
・三年生になったとき初めてのクラスがえだからどきどきしました。好きな友達といっしょだといいなあって。
・先生はだれになるのか緊張します。
・おたまじゃくしを見たときすごいいっぱいでびっくりしました。
・暖かい風がふいたときあったかいなって
・たんぽぽなどたくさんの花が咲くといいなあと思います。

このように、春を感じさせ、春によって心が動くものや動くことが周りにたくさんあることを話し合います。話し合っていると「早く俳句を作りたい」「俳句を作ろうよ」と、作ることに意欲をみせます。

■春の俳句を作る

いよいよ俳句を作る時間です。五・七・五でおさめ、季節を表す言葉が入っていれば良いとします。字あまりはきびしく言わないようにします。校庭に出たり公園に行ったりして、心に感じたことをノートに書き留めておくとよいでしょう。

ランドセル　重そうだな　一年生
始業式　どきどきするよ　クラスがえ
花びらが　そっとおちるよ　桜花
桜　桜ばかりの　校庭だ
あっちにも　こっちにもさくよ　たんぽぽ花

■作った俳句を読み合う

掲示してもよく見えるようにサインペンで句を書きます。書いた短冊に絵を添えると温かくなります。何回も読んで自分の句を覚え、短冊を見ないで読み上げます。発表が終わったら掲示します。

■俳句を読んだ感想を書く

俳句を学習した感想を書きます。日本の伝統文化の一端に触れたとき、俳句をどのようにとらえ、どのような感じ方をしたのか自分の言葉で書き表します。

【例】

> 初めて俳句を勉強しました。五・七・五の十七文字で景色や気持ちを表せるのでおどろきました。何百年も前から伝わっていることを知りました。自分も作ってみたいです

［夏の句］

第1時　お気に入りの一句を紹介する

■夏の句を視写し、音読する

多くの作品に触れる中で自分の思いにぴったりの親しみやすい句を選ぶようにします。一句を選び、色紙に黒ペンで句と絵をかく活動です。俳人になったつもりで書きます。

さみだれや　大河を前に　家二軒　　与謝蕪村
やれ打つなはえが手をすり足をする　　小林一茶
五月雨を　あつめてはやし　最上川　　松尾芭蕉
さじなめて　わらわ　楽しも　夏氷　　山口誓子
夏河を　越すうれしさよ　手にぞうり　　与謝蕪村
ひっぱれる　糸まっすぐや　甲虫　　高野素十
しずかさや　岩にしみいる　せみの声　　松尾芭蕉
青蛙　汝もペンキ塗りたてか　　芥川龍之介
日焼顔　見合いてうまし　氷水　　水原秋桜子
夕立が　洗っていった　茄子をもぐ　　種田山頭火

教師が一枚ずつ短冊に書いて黒板にはります。俳句（右記の十句）を範読し、十句をそれぞれ音読します。

学級で音読する時は、五・七・五と区切り、間を取って音読します。声が全員揃うように指示棒を適切に使います。リズムを感じ取りながら全員の声が揃う心地よさを味わいます。

■お気に入りの一句を選び、選んだ理由や句の意味を書く

十句の中から、お気に入りの一句を選び、色紙に句をていねいに書きます。黒サインペンで書きます。

【表】

夕立が
洗っていった
茄子をもぐ

種田山頭火

【裏】

気に入った理由
いろのきれいななすがなっています。そのなすがさっきの夕立の雨であらったみたいにきれいにみえます。作者がなんでもないようなことに感動しているのでいいと思いました。

第2時　夏の俳句を作り読み合おう

春と同じように句を作り発表します。

【秋の句】　第1時　秋の句を集める

秋は、自分で本を調べて集めます。左のような短冊を用意します。

【短冊例】（下は子どもが記入する。）

選んだ句	かきくえば　鐘が鳴るなり　法隆寺
作者	正岡子規
資料名　出版社	『子規全集第二巻俳句二』（講談社）
資料の場所	図書室

一枚に一句カードに書き、一人三句は集めるようにします。

第2時　お勧めの句を色紙に書く

表に毛筆で句を書き、絵を添えます。絵は色鉛筆で色を付けるときれいです。

裏に季語と説明、選んだ理由を書きます。

【表】

かきくえば
鐘が鳴るなり
法隆寺
　　正岡子規
（紹介者名）

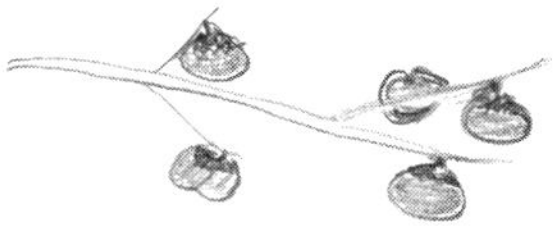

【裏】

季語　柿

句の説明

秋は柿がおいしい季節です。柿を食べていたら、法隆寺の鐘がゴーンとなりました。いい音です。秋だなあ。

選んだ理由

音がきれいで柿もおいしいです。秋はいいなあと作者が言っています。ちょっとさみしい感じがします。

第3時　お勧めの句を紹介する

一人ずつ「紹介する句」「句の説明」「選んだ理由」の順に話します。聞いている人は、紹介された句をリズムよく音読します。いいなと思った句をノートに書きます。たくさんの句を読みましょう。

荒海や　佐渡に横とう　天の川　　松尾芭蕉
秋深き　となりは何を　する人ぞ　　松尾芭蕉
朝顔に　つるべとられて　もらい水　　加賀千代女
赤とんぼ　筑波に雲も　なかりけり　　正岡子規
こんなよい　月を一人で　見てねる　　尾崎放哉

第4時　秋の句を作り読み合う

春と同じように句を作り発表し合います。

［冬の句］

第1時　わたしは俳人・冬の俳句を作る

■冬の句を読む

春夏秋と季節に応じて俳句の学習をしました。冬は、今までの学習を生かして自分で句を作ります。冬を詠んだ句を読み、自分でも句を詠もうという意欲を持たせます。少しの事柄や変化にも心を動かす感性を大切にしながら言葉にしていく楽しさを体験させましょう。

うまそうな　雪がふうわり　ふわり哉　　小林一茶

凩や　海に夕日を　吹き落す　　夏目漱石

遠山に　日の当たりたる　枯野かな　　高浜虚子

冬の句を句集などから探して、たくさんの句を読むことが大切です。また、句の種をふだんから集めておくように伝えます。

■「冬休み」「雪だるま」を使って句をつくる

はじめに「冬休み」と決めて考えます。

○冬休み　□　□

・冬休み　こたつに入って　宿題だ
・冬休み　手伝い宿題　いそがしい
・冬休み　氷も子らも　かがやける

次に、終わりを「冬休み」と決めて考えます。

○□　□　冬休み

・お年玉　めぐる子らの　冬休み
・公園は　子らでいっぱい　冬休み

次に、「雪だるま」をはじめに持ってきても、うしろにしてもよいことにします。

・雪だるま　もう少しまって　目をつける
・子らの手で　背よりも高し　雪だるま

短冊に思いつくままに書いてみましょう。いきなり、俳句をつくるのはむずかしいのですが、このように季語を同じようにすると意外に抵抗なく作ることができます。上手・下手、よい・悪いではなく、たくさんつくるという経験が大切です。日本語はもともと五音・七音になるようにできた言葉が多いことにも気付くでしょう。

教師も子どもたちといっしょに作ってみましょう。日本語のおもしろさや楽しさに驚くのではないでしょうか。

第2時　歳時記から季語を選んで冬の句を作り、発表する

今までの学習をもとにして冬の句をつくり、色紙に句と絵をかいて発表します。

冬　冬休み　立冬　冬至　師走
年のくれ　除夜　雪　寒し　冷たし
こおる　しも　春待つ　節分　冬の星
木枯　北風　初雪　しもばしら
ふとん　毛皮　毛布　セーター
マスク　手袋　マフラー　もち
おでん　暖房　かぜ　雪だるま
みかん　白菜など

（林　真由美）

コラム

絵に描くことでふかめる

1、読み手の意識を育てる

芭蕉の句に“あさつゆに　よごれ　てすずし　うりのどろ”というのがあります。浅いみどりの瓜についた朝露、はたけで瓜を取ったとき畑の土がついたのでしょう。泥が、露の中に浮いています。うりの表面をちょっと流れた泥もあります。朝露はそれ自体で涼しさを感じさせますが、瓜のどろに涼しさを感じた所に、新しい発見があります。こんな解説をした後で、さてこれを子どもに絵に描かせたらどうなるでしょうか。

A（絵）瓜の絵だけ

B（絵）籠の瓜とそれを見ている芭蕉の絵

この二つになるでしょう。圧倒的にAが多いと思います。Aは、確かにこの句に言葉として表現されているからです。普通、読み手は、芭蕉・見ている人まで意識していないからです。表現されている対象だけに目が行くからです。

この絵の違いは、鑑賞の仕方の違いを表しています。Aは、瓜と瓜のどろ・朝露への注目となっています。それ自体です。Bは瓜を見ている芭蕉の感動を表現しています。ですから、Bの鑑賞は、芭蕉の感動を「自分はどう受け止めるか」になっていきます。「そうだよなあ、芭蕉さん、涼しい感じがするよねえ。瓜も冷たくてうまそうですね。でもねえ、今頃気がついたのですか。もっと早く起きていれば、涼しさは、もっと違うところにもありましたよねえ」。こんな読み方も可能でしょう。俳諧としてはこう読んでもいいのではないでしょうか。

書かれた対象だけではなく、書かれていないけれど、その対象を見つめている人、対象をとらえている人物も含めて、読んではどうかということです。

ですから、対象だけが書かれている句を選んで「絵に描いてみましょう」という学習はとてもいいことだと思います。

たとえば次のような句です。ここには人物は登場していません。

五月雨や大河を前に家二軒　五月雨を集めてはやし最上川　赤とんぼ筑波に雲もなかりけり

そして、子どもたちが描いた、この二種類の絵がどう違うのかも話し合うとよいでしょう。

人物に同化して読むだけではなく、読み手としての読みを育てていくことになるでしょう。

2、人間への理解を深めながら読む

「自分の家の焼け跡にしゃがんでいるちいちゃんを絵に描きましょう」もイメージを育て意味をつかむ上で、やってみたい学習です。

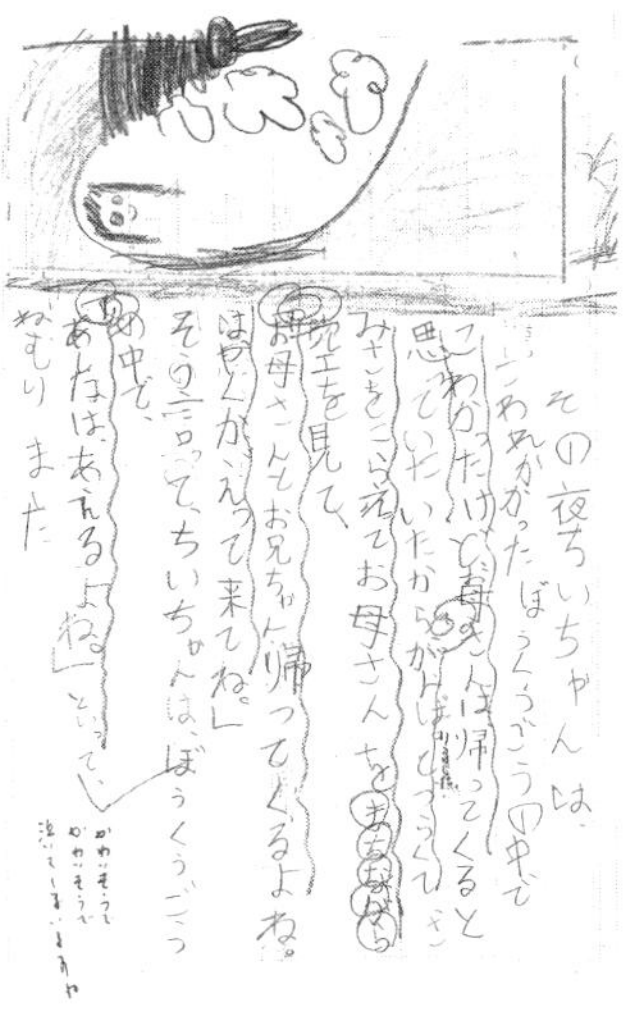

文学作品で、ある場面を読むときにはできるだけ、具体化したいと思います。演劇で言うならば、演出するとき、役者をどこに立たせるかということです。役者は必ずどこかで演じます。「その場所はどこか」を問うことです。

こうすることで具体的なイメージが生まれます。

「ちいちゃんは焼け跡のどこにしゃがんだか」。

わたし達は、本提案では、「自分とお兄ちゃんが遊んだ部屋のあたり」にしゃがんだとしました。ここまでは、イメージですから絵にかけます。

絵に描くということはそれだけではありません。意味に迫ることになるのです。「どうしてここにしゃがんだのですか」を問うことで、懐かしいお兄ちゃんをしたっていること、楽しかったことを思い出していること、が話し合われるからです。行為は具体的であり、そこには意味があるのです。

このことは、「モチモチの木」でも同じです。医者さまが帰った後でのこと、「じさまと豆太はどこにどう座って話をしたか」です。絵に描かせます。いろいろな絵が出るでしょう。それらを話し合います。そのことで話の内容が大事だったから、とつながっていきました。ここでも人間は大事なことを言う時にはどうするか、行為の意味に発展しました。

絵を書くことで、イメージだけでなく、人間への理解をもとにして読み深めることが可能になります。（今）

※武田常夫さんの『イメージを育てる文学の授業』に詳しい

4　出来事を生き生きと書く＝作文

心に残った場面だけを書かせよう

●**ねらい**
生き生きと場面の様子を書く。

●**指導時間（目安）**
6時間

●遠足、4時間
●家族とのこと、2時間

[1] 行事に取材して――遠足の作文
（記述2時間、読み合い2時間）

生き生きと書くには、場面の描写が必要です。様子を書くことです。

遠足や運動会などの行事の作文も大事です。子どもたちは友達とかかわりあいながら、自然に触れたり、体を動かしたりしながら、心を動かしているからです。

■ひとまとまりの作文を

作文で大事なのは、自分の心が動いたことを書くことなのです。

しかし、「遠足の作文を書きましょう」という投げかけでは、子どもたちは、説明意識が働き、遠足を説明するように書いたり、「伝えるために」はじめから終わりまで書いたりしようとします。朝起きてから帰ってくるまでの作文になってしまいます。これは、確かに「ひとまとまり」の作文ですが、いわば外側から見たひとまとまりです。野球でいえば、一回の表から九回の裏までということになります。

作文で大事なのは、自分の意識で、「ひとまとまり」を決めることです。それは、おもしろかったこと、不思議だったこと、がんばったことなど、「自分の心の動き」によって決められてきます。そういう意味でも作文を書くということはきわめて自主的、自覚的なことなのです。

■心が動いた場面を

その心の動きをもたらした出来事は、どこから始まりどこで終わるかも自分で切り取ります。これが場面です。

「遠足でどんなことが心に残っていますか」

こんな発問から始めます。

・鬼ごっこをしてこけていたかったこと。
・夢中で逃げて、滑って転んだこと。
・一年生とハンカチ落としをしておもしろかったこと。
・弁当の時のこと。
・カラスが近くにいて怖かったこと。

こうして、どこを書くかをそれぞれが決めていきます。

決まったら

「どこから書き始めますか」

と聞きます。

・公園についたところから。
・先生が集まれと言ったところから。

・「何して遊ぼうか」と言ったところから。

など、書き出しをはっきりさせます。決まったらすぐに書き始めます。

「遠足」

のむらまさとし

小金井公園の木の下に、リュックをおきました。はんごとに集まって、遊びました。

矢島君が

「なにやる。」

って聞きました。そしてぼくが

「ハンカチ落とし。」

って言いました。そして矢島君が鬼になったときに、さくらもとなおき君にハンカチをおきました。さくらもと君は矢島君にはおいつかなかったけど、おもしろそうでした。さとうゆうた君においたとき、さとうゆうた君の足がはやいなあと思いました。

ぼくのばんがきました。そして矢島君におきました。でも、矢島君は足がおそいと思ったのに、はやかった。かんたんにおいつかれました。いやだったけど楽しかったです。

おなかがすいたと思いました。それは朝に、コーンフレークしか食べていなかったからです。（後略）

■読み合い・交流で深める

作文はこのあと、お弁当のことを書いています。それも併せてこのようにして一枚文集で紹介します。必ずしも教師の意図通りの作文にならなくてもよいのです。心が動いた時のことが書けるということでよいのです。さくらもと君は「おいつかなかったけどおもしろそう」。自分も「かんたんにおいつかれた」けれども楽しかった。ここに、集団での遊びのおもしろさを感じています。

■よさはいっぱいある

書き方の良さだけやって終りとするから作文嫌いになるのです。作文には子どもたちのなまの生活や思いがあるのです。

下のコメントを見てください。この作文にはこんなにいいところがあるのです。

特に友達の名前をしっかりと書いています。最近は「友だち」とだけ書いて名前が書かれていない作文を見かけますが、友達とのかかわりをきちんと知るためにも、固有名詞で書いてほしいと思っています。

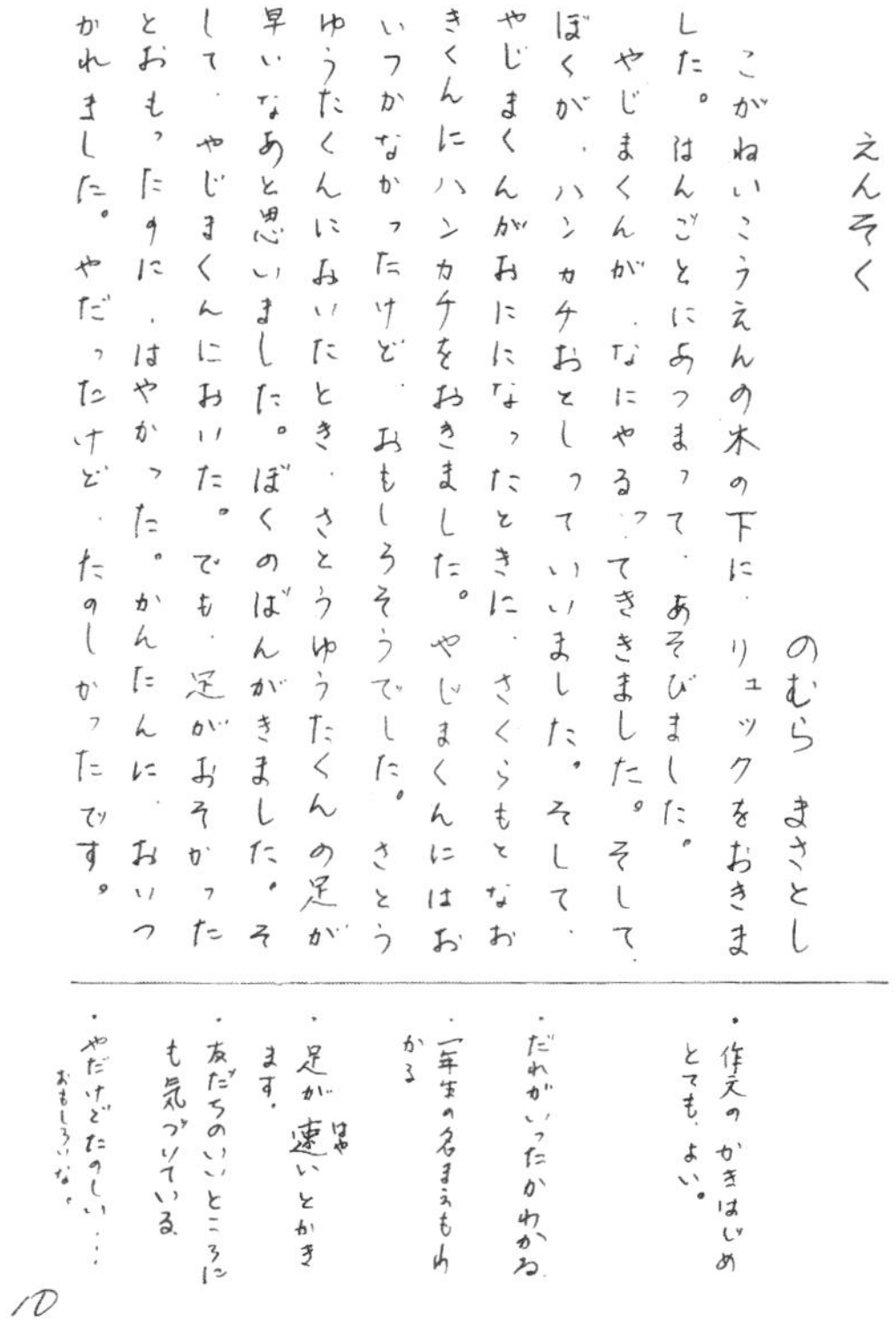
えんそく
のむら まさとし
こがねいこうえんの木の下に、リュックをおきま
した。はんごとにあつまって、あそびました。そして、
やじまくんが、なにやるってききました。そして、
ぼくが、ハンカチおとしっていいました。そして、
やじまくんがおにになったときに、さくらもとなお
きくんにハンカチをおきました。やじまくんにはお
いつかなかったけど、おもしろそうでした。さとう
ゆうたくんにおいたとき、さとうゆうたくんの足が
早いなあと思いました。ぼくのばんがきました。そ
して、やじまくんにおいた。でも、足がおそかった
とおもったのに、はやかった。かんたんに、おいつ
かれました。やだったけど、たのしかったです。

・作文のかきはじめとても、よい。
・だれがいったかわかる
・一年生の名まえもわかる
・足が速《はや》いとかきます。
・友だちのいいところにも気づいている
・やだけどたのしい・・・おもしろいな。
10

一学期のこの時期はこのようにして、場面で書かれていること、心の動きが書かれていること、友達とかかわっていることなどを、励まし、「心も体も動く」生活を励ましていきます。遠足の作文、運動会の作文もこうして、みんなに読みます。できるだけたくさん読みます。そして下にあるような「よいところ」を話し合うようにします。作文を書くことの秘訣は「読み合い・交流」です。よく、交流としてグループでやっているのを見かけますが、基本は一斉です。全体のなかで、その子どものよさ、文のよさを話し合うことが大事です。

[2] 家族の願いを――会話を書くなかで
（記述1時間、読み合い1時間）

ここでは、三年生のはじめのころの実践を紹介します。

四月、新しい学年が始まってすぐに次のような宿題を出します。

■どんな三年生になったらいいの

生き生きと書くには、会話が大きな役割を発揮します。

四月、新学年のはじまりの金曜日など、週末に宿題を出すとよいでしょう。

「今日の宿題は、おうちの人に聞くことです。みんなは三年生です。どういうところに気をつけたらいいか、どんな三年生になったらいいかを、おうちの人に聞いて、話し合ってください。月曜日に聞きます」

次の月曜日、子どもたちにさっそく聞いて話し合います。

・お父さんはね、友達をたくさん作りなさい。でもね、お母さんは、もっと字をきれいに書こう、だって。
・ぼくはちがうよ。
・うちと同じだ。
・お母さんは先生の話をよく聞きなさい。
・似ている。ちゃんと聞いているのに。
・今度から一人で寝なさいと言われたよ。
・わたしなんか、もう前からそうだよ。

教室はにぎやかになります。

「じゃあ、それを作文に書いてください。もちろん短くてもいいですよ。自分が言ったことも書いてね」

「三年生になって」

うりゅうあかり

帰ってきたらすぐに聞いてみました。お母さんは、机でパソコンをしていました。

「三年生としてどうしたらいい。」

と聞いてみたら、お母さんが、

「どういう意味。」

と聞いてきました。でも、

「わかんない。」

と言いました。そしたら、

「じゃあ、家のこと、学校のこと。」

と聞いてきたので、

「どっちでもいいじゃない。」

と答えました。

「人に言われなくても自分で考えて行動して。」

と言われました。だから
「わかった。」

と答えました。でも、心の中ではできるかわかりませんでした。

■会話は考える力を育てる

なかなか面白い会話です。お母さんが「どういう意味。」と聞いています。さらに「家のこと、学校のこと。」と分析的に問うています。わたしは、こういう会話が子どもを賢くすると考えています。このように、「あること」について会話をすることで考える力もつくのです。それには親の問いが大きな役割を果たします。

■人としての願いに気付く

作者の正直さもいい。

「でも、心の中ではできるかわかりませんでした。」

そうだよね。できなくてもいいのです。このような親の期待、願いを受け止めることで子どもは育つのです。

このような会話のなかには人としてまっとうに伸びてほしいという願いがあるのです。

もう一つ紹介します。

「三年生になって」

さわみつる

ぼくは寝る前にお母さんに聞きました。

「ねっ。宿題のことなんだけどさあ、三年生としてどうしたらいいかを聞いてくるんだけど、どうしたらいいの。」

と聞きました。そしたらお母さんは、

「ん、明日言うから、考えさせて。」

と言いました。次の日、

「お母さん、きのうの宿題、はやく言って。」

とぼくは言いました。そしたらお母さんは、

「ていねいな言葉でしゃべってね。」

と言いました。

「なんで。」

とぼくは聞きました。お母さんは、

「自分で考えてごらん。」

と言いました。考えました。

今までできなかったことを挑戦してほしいから言ったと思います。

■共感が友達を近づける

期せずして「自分で……」「自分から……」という親の願いが表れている作文になりました。これらを話し合い、読み合うことで、子どもたちは、何かを感じるはずです。それらを受け止めながら、三年生がスタートしていくのです。また、ぼくも同じだ。うちと似ている、こんな言葉も出てきます。学年はじめこうして友達意識が作られていきます。

■いい問いが会話を育てる

この作文では、子ども、作者のほうが「なんで。」と質問しています。互いに言いっぱなし、聞きっぱなしではなく、このように問いを発しながら会話ができることを認め励ましたいと思います。

単に会話を技術として書くのではなく、家族や友達とのふれあい、心の交流として、その奥にある「人としてのあり方や願い」をも含めて指導したいと思います。

＊「［2］家族の願いを」は主に、杉並区立浜田山小学校の田崎裕美子先生の実践をもとに紹介しました。（今井成司）

【執筆者紹介】
横谷　和子（東京都杉並区立杉並第六小学校 教諭）
林　真由美（元 東京都杉並区立杉並第七小学校 教諭）
今井　成司（前 東京都杉並区立浜田山小学校 講師、日本作文の会委員）
※勤務先などは2013年4月現在

表　紙：44℃　MOTOKI
カット：山本　瑠香　他
杉並第七小学校の
３年生のみなさん

3年生《ねんせい》 国語《こくご》——教科書《きょうかしょ》 教材《きょうざい》の読《よ》みを深《ふか》める言語活動《げんごかつどう》
発問《はつもん》を中心《ちゅうしん》とした全時間《ぜんじかん》の展開例《てんかいれい》

2013年6月15日　初版第1刷発行

編著者　今井《いまい》　成司《せいじ》・林《はやし》　真由美《まゆみ》
発行者　比留川　洋
発行所　株式会社 本の泉社
〒113-0003 東京都文京区本郷 2-25-6
電話：03-5800-8494　Fax：03-5800-5353
mail@honnoizumi.co.jp ／ http://www.honnoizumi.co.jp
印　刷　亜細亜印刷株式会社
製　本　株式会社　村上製本所

ISBN978-4-7807-0962-9　C3037